UN PAGE

DE

CHARLES-LE-TÉMÉRAIRE,

CHRONIQUE DU XVe SIÈCLE,

PAR M.

J.-F.-D. d'Attel de Lutange.

*Un page est le petit joujou d'une
grande dame.*

I

PARIS,

F. X. GIRARD, ÉDITEUR,

RUE DE SEINE-SAINT-GERMAIN, 64.

1838.

UN PAGE

DE

CHARLES-LE-TÉMÉRAIRE.

Ouvrages du même Auteur.

———

L'Épouse. . . . .   2 vol.
Traduction en vers d'Anacréon. . . . . .   1 vol.

PARIS. — IMPRIMERIE DE BOURGOGNE ET MARTINET,
rue Jacob, 30.

UN PAGE

DE

CHARLES-LE-TÉMÉRAIRE,

CHRONIQUE DU XVᵉ SIÈCLE,

PAR M.

J.-F.-D. d'Attel de Lutange.

> Un page est le *petit joujou* d'une grande dame.

> L'amour d'une femme.... savez-vous ce que c'est ?.... Le comble de la folie, ou plutôt le symptôme le plus burlesque, si toutefois il n'était pas le plus effrayant de tous ceux que l'on voit.... à Charenton.
>
> *Nouveau mérite des femmes.*

I

PARIS,

F. X. GIRARD, ÉDITEUR,

RUE DE SEINE-SAINT-GERMAIN, 64.

1838.

A la Mémoire

DE

LOUIS-ALEXANDRE BARON D'ATTEL DE LUTANGE,

MARÉCHAL DE CAMP,

CHEVALIER DES ORDRES ROYAUX ET MILITAIRES
DE SAINT-LOUIS, DE SAINT-LAZARE ET DE NOTRE-DAME DU-MONT-CARMEL,
ET DE L'ORDRE AMÉRICAIN DE CINCINNATUS.

Hommage respectueux d'un fils.

Première Journée.

Longo Virodunum præcessit tempore Romam.

(Tradition populaire.)

C'est pour avoir soin du troupeau du Seigneur,
que l'Esprit-Saint a établi les évêques.

(Act. des Apôtres, **C. XX,** v. 28.)

Le jour de Saint-Laurent, dixième d'août
de l'an de grâce 1457, tous les habitants de
l'antique cité des Claviens (1) étaient sur
pied de grand matin, et, revêtus de leurs

(1) *Urbs Clavorum.* Des médailles récemment découvertes attestent que, très anciennement, Verdun portait ce nom.

habits de fête, parcouraient les rues, places, carrefours, en poussant mille cris de joie. Depuis la porte Saint-Victor jusqu'à la Cathédrale, les devantures des maisons étaient garnies de verts feuillages et de pampres, de festons et de couronnes. Le pavé des rues était lui-même couvert de riches tapis, de draps fins et moelleux (1). Le parfum des fleurs les plus odoriférantes se mêlait à celui de l'encens le plus précieux, que l'on voyait s'échapper, en nuages azurés, d'élégantes cassolettes d'argent et de vermeil placées de distance en distance, et auxquelles présidaient de jeunes filles brillantes de fraîcheur et de beauté ; car alors comme aujourd'hui, la beauté était héréditaire dans la cité des Claviens. La foule joyeuse et toujours grossissant allait, venait, se heurtait, se croisait, bourdonnait comme un essaim d'abeilles. Enfin, depuis l'aube matinale, toutes les cloches de la Cathédrale, des paroisses, des couvents, rem-

(1) Historique.

plissaient les airs de leurs voix argentines, et, par intervalle aussi, le bronze de Bellone faisait retentir les remparts et les échos d'alentour.

Ces préparatifs se faisaient en l'honneur de Guillaume de Haraucourt, tout récemment nommé évêque de Verdun, et qui, en cette qualité, avait donné avis au clergé et aux magistrats de la cité, de son entrée solennelle, un tel jour et à telle heure. Car, afin qu'on pût lui faire une réception convenable, tout nouvel évêque prévenait de son arrivée huit jours à l'avance : ainsi le voulait l'étiquette. Jean de Sarrebruche, installé avec une grande pompe quelques cinquante ans auparavant (1404), avait fixé définitivement le cérémonial de cette solennelle circonstance, cérémonial dont presque tous les détails avaient déjà été suivis très anciennement, et qui allait se renouveler en ce jour pour faire fête audit seigneur évêque, Guillaume de Haraucourt.

Pas n'est besoin de dire que, dans cette occasion, les descendants des Claviens n'avaient rien négligé pour faire à leur seigneur évêque une réception convenable. De tout temps le peuple de cette cité s'est distingué par ses mœurs douces et son urbanité; aussi, depuis l'instant où l'on avait eu connaissance de la solennité qui devait avoir lieu , toute la ville était en émoi. Messieurs les drapiers, dont le privilége était de fournir les tapis somptueux étendus sur le pavé des rues où le cortége devait passer, s'étaient surtout piqués, à l'envi l'un de l'autre, d'étaler aux yeux de leurs concitoyens tout ce que l'industrie peut produire de plus beau, de plus achevé. Cette longue suite de rues , où le pied ne trouvait à fouler qu'une laine douce, moelleuse, brillante des plus vives couleurs, offrant les dessins les plus riches, les plus variés, présentait un coup d'œil enchanteur, unique dans son genre, qui rappelait, ou plutôt laissait bien loin derrière lui ce luxe presque fabuleux des harems de l'Orient. Et puis, la religion, dans cette mémorable circonstance, la religion allait encore rehausser cette pompe humaine de tout l'éclat de ses pompes divines, et lui prêter ce pouvoir irrésistible, ce charme mystérieux qu'elle seule peut donner aux institutions des hommes.

Il faut bien aussi en convenir, celui en l'honneur de qui se faisaient tous ces préparatifs en était digne, non seulement par la place éminente qu'il venait occuper dans la cité, mais encore par le rang élevé qu'il tenait à la cour des ducs de Lorraine. La maison de Haraucourt, en effet, de temps immémorial, remplissait les premières charges de ce duché. Elle était une des quatre grandes familles qui se disaient issues de la noble race des princes Lorrains. Fidèle à cette illustre origine, Gérard de Haraucourt, grand sénéchal du Barrois, et père de Guillaume, avait cultivé avec le plus grand soin les dispositions précoces qu'il

avait remarquées dans son fils. Car, dès l'âge
le plus tendre, Guillaume se distinguait
déjà par la vivacité, la pénétration de son
esprit. Élevé au sein des cours, de bonne
heure il s'était initié à leurs secrètes intrigues.
Naturellement éloquent, disert, il parlait
bien, avec facilité de tout ce qui a trait à la
politique, au gouvernement des peuples.
A toutes ces qualités, il joignait le plus bel
extérieur qu'il soit possible de voir, et ne
démentait point ce sang qui lui donnait
pour aïeux ces fiers, ces beaux chevaliers
que le Tasse a chantés dans ses vers immortels (1).

Son père l'ayant destiné de bonne heure
aux dignités ecclésiastiques, lui avait fait

(1) Tous ces détails sont historiques; voyez *Roussel*
et *Dom Calmet*. Pour ne citer qu'un seul fait de la haute
considération dont jouissait la famille de Haraucourt,
nous dirons que Guillaume, évêque de Verdun, est
nommé expressément dans l'acte qui fut dressé, en
1458. pour la révocation de la promesse de mariage
d'Édouard, duc de Galles, avec Marie d'Écosse. (*Roussel*,
p. 398, ex Tab. Lothar.)

avoir un canonicat dans la cathédrale de
Verdun , l'archidiaconé d'Argone, et la prévôté de Montfaucon. Peut-être ce cumul
abusif de grands bénéfices fut-il la cause
que Guillaume n'eut pas toujours les vertus
d'un prêtre ; peut-être influa-t-il sur ses destinées futures ; peut-être fut-il , du moins
indirectement , la source des malheurs que
ce prélat devait éprouver dans le cours de
son orageuse carrière. Toujours est-il que
Guillaume , malgré cette immense fortune
cléricale qui semblait devoir l'attacher plus
particulièrement au service de l'autel, ne
se mêla pas moins des affaires du grand
monde, en entrant dans le conseil de Jean,
duc de Calabre , avec qui il fit le voyage
d'Italie, et plus tard en venant à la cour de
France , où régnait alors Louis XI , qui ne
tarda pas à lui reconnaître beaucoup d'habileté, de savoir, et l'employa plusieurs fois
dans des conjonctures fort difficiles. Avec
de tels protecteurs, Guillaume pouvait aspirer aux premières dignités, ou subir les

dernières infortunes; tant le commerce des rois, tant leur faveur offre de vicissitudes.

Aussi lorsque Louis de Haraucourt, son grand oncle et évêque de Verdun, était venu à décéder, Guillaume avait-il été élu par les chanoines de ce siége, à la pluralité de 47 voix sur 49. Malgré ce suffrage éclatant, Oury de Blamont, de la famille des comtes de Vaudemont, et qui avait obtenu seulement *deux voix*, ne rougit pas d'employer tout son crédit pour contrebalancer l'élection de Guillaume et la faire casser, n'étant point canonique à ce qu'il prétendait. Mais Guillaume, soutenu à la cour de Rome, par René, roi de Sicile, et le duc de Calabre, l'emporta sur son compétiteur; non toutefois sans que le pape déclarât expressément n'avoir aucun égard à l'élection du chapitre, le droit de nomination à l'évêché de Verdun appartenant de droit à lui successeur de Saint-Pierre (1). Guillaume de Harau-

(1) Le concordat n'existait pas alors ; et sous un certain

court gagna donc son procès; mais ce ne fut pas sans bourse délier; car, d'après les Mémoires du temps, *les frais et les annates qu'il fallut payer au pape montaient à une grosse somme que Guillaume emprunta pour obtenir ses bulles.*

Plus rien ne s'opposant donc à ce que Guillaume vînt prendre possession du siége épiscopal de l'antique cité des Claviens, il avait donné avis, ainsi qu'il le devait, au clergé et aux magistrats de céans que cedit jour, dixième d'août, il ferait son entrée solennelle. Cette nouvelle causa une grande joie, et fut le signal des préparatifs que nous venons de voir. Toutefois ces préparatifs n'étaient qu'un pâle avant-coureur de la pompe qui allait être déployée, et par ledit seigneur évêque, et par la noble cité qui le recevait; pompe telle que des villes bien autrement riches, bien autrement po-

point de vue, le pape avait bien le droit de juger une contestation que les parties lui déféraient; au reste, tous ces détails sont historiques.

puleuses, n'en offraient qu'une faible image
en pareille occasion.

Indépendamment de la haute puissance
dont était revêtu l'évêque comme prince
temporel, plusieurs beaux priviléges lui
étaient encore dévolus, le jour de son entrée. Ainsi, par exemple, il avait le droit
d'accorder à ceux qui auraient été bannis
par le gouvernement de la cité, la liberté
de revenir en toute sécurité. C'était,
comme on le voit, sous une autre forme, ce
noble droit de faire grâce attaché à la pré-
rogative royale, dans le royaume de France.

Suivant un antique usage, le seigneur
évêque, la veille de son entrée, soupait et
couchait à Haudainville, joli village à une
lieue au midi de la cité(1). On se doute bien
que les bons habitants de ce champêtre séjour ne négligeaient rien pour festoyer leur
premier pasteur, pour recevoir dignement

(1) Ce village est nommé *Aldenivilla* dans les anciennes
chartes. C'est une paroisse faisant partie du doyenné ur-
bain de la Princerie.

et convenablement un tel hôte. A la vérité
c'était le denier de la veuve, mais ce denier
n'a-t-il pas plus de prix que le milliard du
prince? Quoi qu'il en soit, le lendemain,
bien avant le jour, la route qui conduisait
de ce village à Verdun était bordée par la
population empressée et naïvement joyeuse
de tous les bourgs, villages et hameaux voisins. Aussi, lorsque le cortége se mit en
marche au milieu de cette foule avide de
voir son évêque, à peine si Guillaume, monté
sur un superbe coursier, pouvait suffire à
toutes les bénédictions qu'il fallait distri-
buer à cette multitude pieuse, qui du plus
loin qu'elle apercevait le prélat, se proster-
nait humblement et en silence. Car alors, il
était de mode, il était de bon ton, de rendre au caractère sacré d'un évêque tout le
respect qui lui est dû, et nul ne s'en dis-
pensait, qu'il fût petit, qu'il fût grand, qu'il
fût de robe, qu'il fût d'épée, qu'il fût noble,
qu'il fût vilain (1).

(1) On se souvient encore des témoignages de vénéra-

Une journée magnifique sembla donner encore plus d'éclat à la solennité de la fête. Ce jour-là, *le temps avait mis sa robe de soleil*, et Flore en son char embaumé, traîné par les zéphyrs, versait de son urne virginale tous ses trésors. Le ciel était d'azur ; seulement quelques légers nuages flottaient dans l'espace comme une gaze transparente, à travers laquelle s'échappaient les tièdes rayons de l'astre du jour. Les plantes encore humides de la rosée matinale semblaient renaître avec l'aurore, et offraient à l'œil ébloui mille diamants liquides reflétant les mille couleurs des fleurs. Une légère brise agitait mollement la chevelure verdoyante des arbres. Au doux murmure des eaux la tendre Philomèle mêlait ses amoureux accents. Tout enfin dans la nature semblait sourire et prêter de nouveaux charmes à la pompe religieuse qui s'apprêtait.

tion que reçut, vers le milieu du siècle dernier, monseigneur de Nicolaï. Depuis, l'indifférence a remplacé ce touchant respect de nos aïeux.

Cependant le cortége était parvenu à une des portes en ogive de la cité. Cette entrée était défendue par deux grosses tours crénelées, qui se voyaient un peu plus bas que la porte Saint-Victor, construite depuis sur les dessins et d'après les plans du célèbre Vauban. Là se tenait le maître échevin, entouré de tous les notables, tant pour faire honneur au seigneur évêque, que pour veiller à ce qu'il n'amenât pas avec lui une trop grande quantité de gens de guerre. M. d'Azanne, d'une noble famille lignagère, était alors revêtu de cette charge honorable de l'échevinat. Monté sur un cheval richement caparaçonné aux armes de la ville, à savoir, *au champ d'or fretté de sable de six pièces* (1), il présenta, sur un plateau de vermeil, au prélat qui était aussi à cheval, les anciennes clefs de la cité. Alors

(1) Qui sont les véritables armes de la ville, et non point la fleur de lys qui ne date que de l'époque très moderne où Verdun passa sous la domination des rois de France.

celui-ci, après les avoir bénites, les remit avec courtoisie entre les mains dudit maître échevin, et ce en lui disant :

Monsieur le maître échevin, je vous les confie, faites-en bonne et sûre garde.

Nobles et touchantes paroles, cent fois plus éloquentes que ces allocutions mensongères et adulatrices, enfantées depuis par la civilisation ou plutôt par la mauvaise foi !

Après avoir traversé, en compagnie de monsieur le maître échevin, les voûtes sombres et retentissantes des portes de la cité, le seigneur évêque descendit de cheval, revêtit les insignes de prélat sous une tente richement décorée, puis, se mettant de nouveau en marche au son de toutes les cloches, au bruit du canon qui tonnait sur les remparts, précédé des trompettes, des timbales, des flûtes, des hautbois, des clairons, Guillaume de Haraucourt, la mître en tête, la crosse à la main, et donnant à droite et à gauche maintes bénédictions à son troupeau, s'avança d'un pas grave *et pieds nus* au sein des rues de la cité couverte des plus riches tapis, sans doute en mémoire de ces Saintin, de ces Maur, de ces Salvin, de ces Arateur, de ces Pulchrone (1), de ces premiers évêques d'or, n'ayant que des crosses de bois lorsqu'ils vinrent anciennement fouler, *nu-pieds et un bâton à la main*, le sol des Claviens, et *évangéliser* (il y avait alors déjà plus de mille ans) nos pères plongés dans les ténèbres de l'idolâtrie.

Parmi les nobles familles Verdunoises qui formaient le cortége du seigneur évêque, on remarquait, outre le maître échevin et les pairs ou barons de l'évêché, les d'Estouf, les de La Porte, les d'Apremont, les Seraucourt, les d'Anglure, les des Armoises, les du Hautoy, les Paixel, les de Mandre, les Bigoniers, les Sevecourt, les Mercy, les Chauldeney, les Gerbillon, les des

____

(1) Ces noms sont ceux des premiers évêques de Verdun.

Ancherins, les de Housse, les Senocq, les
Sailly, les d'Orne, les Saint-Ignon, les Lan-
drexecourt, les Watronville, etc., familles
qui toutes ou presque toutes avaient, dans
mainte occasion, défendu les intérêts de la
cité, et s'honoraient de lui avoir donné,
de temps immémorial, ses principaux magistrats.

Parvenu à la hauteur de l'église collégiale
de Sainte-Croix, le cortége s'arrêta, et à la
demande du maître échevin, parlant au
nom du gouvernement de la cité, le seigneur évêque prêta serment sur l'évangile
*qu'il maintiendrait tous les priviléges, et
que tous les officiers de justice seraient tirés
des anciennes familles de la ville appelées
les lignagiers.* Cela se fit en présence des
Tabelions et des quatre abbés de Saint-Vannes, de Saint-Paul, de Saint-Airy et de
Saint-Nicolas.

Le cortége s'étant remis en marche derechef, et toujours dans le même ordre, par-
vint bientôt au bas de la rue Châtée, ainsi

nommée parce qu'elle conduisait au castel
ou château. Là, le seigneur évêque, étant
entré dans une maison destinée à cette cérémonie, quitta ses habits de prélat, et, en
mémoire de sa dignité temporelle de comte
de Verdun et de prince du Saint-Empire
romain, revêtit ceux de comte palatin, à savoir le mantel fourré descendant à mi-jambe,
et orné de trois rubans d'or et d'hermine
sur chaque épaule, puis chaussa les éperons
dorés, et ceignit l'épée. Ensuite, monté sur
un cheval caparaçonné de blanc avec les
écussons de ses armes, et dont deux personnes de sa suite tenaient les rênes, il se
dirigea vers la chapelle de Saint-Laurent,
où étant advenu, il y fut reçu et compli-
menté par le clergé. Cette entrevue fut non
moins touchante et majestueuse tout à la
fois qu'avait été la scène pleine de dignité
où monsieur le maître échevin venait de
figurer. Ici, c'était un père qui pressait sur
son cœur ses enfants les plus chers, ceux
qui comme lui et en le prenant pour modèle,

allaient travailler, tout le long du jour, à la vigne du Seigneur.

Sur l'invitation du chancelier, le seigneur évêque étant descendu de cheval(1), quitta les insignes de comte palatin, et ayant pris ceux d'évêque, tout le cortége le conduisit processionnellement à la cathédrale, somptueusement décorée pour recevoir dignement son premier pasteur.

A sa vue, l'antique et vénérable basilique sembla tressaillir d'une sainte joie. On raconte même que la population entière, attentive au prodige que l'on disait se renouveler chaque fois à l'avénement d'un évêque, entendit alors comme un concert de bénédictions s'élevant de ces mille tombeaux qui couvraient la surface de la nef. Ces voix mystérieuses, c'étaient les voix de tous les saints évêques ses prédécesseurs dormant du sommeil des justes dans la poussière du cercueil, et qui venaient de

(1) Dans cette circonstance, le cheval appartenait de droit au chancelier.

s'éveiller pour saluer le nouvel arrivant et lui rendre hommage. Par trois fois aussi, l'orgue fit entendre des chants de jubilation, et les voûtes du sanctuaire retentirent soudain du chant sublime de l'Esprit Saint, répété en chœur par plus de cent choristes, auxquels se mêlaient les voix de tous les habitants de la noble cité des Claviens.

Cependant, monsieur le doyen s'étant avancé respectueusement vers le seigneur évêque, le conduisit, en lui donnant la main, devant le chapitre pour y prêter le serment accoutumé, formalité sans laquelle on ne pouvait alors être installé légitimement sur le siége épiscopal. Une messe solennelle du Saint-Esprit fut ensuite chantée en musique avec toute la pompe possible. Enfin, cette imposante cérémonie se termina (1) par un repas splendide dont le seigneur évêque fit les frais, et auquel assistèrent les chanoines des deux chapitres de Notre-Dame et de la

(1) Tous ces détails sont historiques et se trouvent dans Hugo. (*Sacra antiquitatis monumenta.*)

Madeleine, les quatre abbés de la cité, monsieur le maître échevin, *et plusieurs des principaux bourgeois de la ville.*

Telles étaient alors les pompes imposantes dont la cité de Verdun offrait le spectacle à chaque intronisation d'un évêque. Ces saintes cérémonies avaient doublement un caractère de majesté et de vérité, par le faste qu'on y déployait, et par le profond respect, la foi sans bornes qu'y apportait toute une population. Il n'est plus maintenant, que dis-je? il ne peut plus exister de semblables fêtes. L'indifférence a dépouillé le culte de tout son éclat, de tout son lustre, et partant de toute sa poésie. L'antiquité et le moyen âge ont su seuls rendre à Jupiter et à Jéovah le culte qui convient à la divinité. Mais aujourd'hui, grâce aux lumières, le *sacrifice* (tout saint qu'il est et qu'il sera toujours) a été taxé comme une *marchandise.* Un tel état de choses est véritablement une profanation. Ah! ce n'est pas ainsi que l'on comprenait un *être suprême* dans l'antique Jérusalem , dans la riante Athènes , et lorsque Charlemagne, d'auguste et sainte mémoire , investissait de la cité éternelle, de la ville des Césars , et d'une notable portion de la belle Italie, le successeur de saint Pierre , le vicaire de Jésus-Christ, le représentant de Dieu sur la terre.

Mais revenons. Pendant plusieurs jours, ce ne furent que fêtes, jeux, divertissements; car alors on regardait comme une sauvegarde, un véritable palladium, un bonheur, ou plutôt comme l'événement le plus heureux pour la cité, d'avoir un évêque. Les hommes et surtout les femmes ne paraissaient dans ces jours consacrés à la joie qu'avec leurs plus beaux habits. Le simple artisan aurait cru commettre une irrévérence de revenir trop tôt à ses occupations. Il fallait fêter complétement *la bonne venue* du seigneur évêque : cela, croyait-on, portait bonheur. *Femmes,* disait un vieux dicton, *seraient plus maîtresses au logis, et filles plus tôt mariées.* On comprend faci-

lement qu'avec de si belles espérances, femmes et filles n'étaient pas en reste pour faire
fête au seigneur évêque.

Un antique usage voulait que celui-ci
commençât la visite de son diocèse par celle
des couvents de Verdun. Entre ceux-ci
Saint-Vannes tenait le premier rang. Toutes
les grandeurs, toutes les illustrations, toutes
les gloires, tous les souvenirs de la cité se
rattachaient en quelque sorte à ce saint
monastère. Son origine se perdait presque
dans la nuit des temps, ou, pour mieux dire,
remontait à cette époque reculée où le
christianisme souleva le voile dont la cité
des Claviens avait été couverte jusqu'alors.
Et en effet, quoiqu'il soit de toute certitude
que cette ville existât déjà bien avant que
saint Saintin y vînt porter le flambeau de
la foi vers le milieu du quatrième siècle,
toutefois tous les historiens sont muets à
son égard, et il ne reste absolument rien
de ses annales antérieurement à cette époque reculée. Celles-ci commencent seule-

ment avec l'ère chrétienne épiscopale. Le flambleau de l'évangile fut donc pour la cité des Claviens comme une sorte de phare qui la faisait sortir de la nuit profonde où elle était plongée.

Quoi qu'il en soit, un humble oratoire que Saintin, premier évêque de Verdun, avait consacré sous l'invocation des apôtres saint Pierre et saint Paul, paraît avoir été comme le berceau de l'antique monastère de Saint-Vannes. Cet oratoire se voyait sur une colline hors de l'enceinte des murs de la ville, dans un lieu retiré, fort agreste, éloigné du bruit, du tumulte des fêtes païennes, et par cela même plus convenable pour célébrer les saints mystères que les idolâtres tournaient en dérision. Tout contribuait donc à donner à ce lieu d'élection un caractère de sainteté. Peut-être même fut-il arrosé du sang des martyrs..... (1) Aussi les pieux suc-

____

(1) Hugues de Flavigny dit avoir lu, dans d'anciens monuments, rédigés par des témoins de l'ouverture du tombeau de saint Maur, second évêque de Verdun, fait

cesseurs de Saintin le considérèrent-ils toujours comme un endroit privilégié; toujours
est-il qu'ils y choisirent pour l'ordinaire
leur sépulture, qu'une tradition populaire
appela depuis *le Caveau des sept Dormants.*
Le monastère de Saint-Vannes, qui s'éleva depuis sur cet emplacement, doit donc être
considéré comme le siége primitif de l'église
de Verdun, l'endroit le plus saint de toute
la cité, celui qui rappelle les plus vénérables
et les plus antiques souvenirs.

L'existence du monastère de Saint-Vannes,
comme on voit, se liait à celle de la cité.
Mais ce qui n'avait pas peu contribué à la
célébrité de celui-ci , c'étaient les hommes
éminents qui étaient sortis de son sein. On
admirait encore son église, son trésor, ses
reliques, et surtout ses châsses revêtues d'or,
d'argent, ornées de riches ciselures et enri-
chies de pierres précieuses.

par saint Airy, qu'on s'était aperçu que le premier de ces
deux évêques conservait encore sur son corps des traces
de martyre.

Or, en ce temps-là, Antoine de Serrières était abbé de céans. Il était également prieur de Flavigny, ayant obtenu dispense de posséder ces deux bénéfices ; il s'était également attribué quatre autres offices (1) que son prédécesseur, l'abbé Etienne, avait mis en réserve pour la réédification de l'église. Ce cumul scandaleux avait fait beaucoup murmurer les religieux, qui furent pourtant obligés de se soumettre : car Antoine de Serrières avait de puissantes protections, et appartenait à une noble famille du duché de Lorraine (2).

D'ailleurs, il faut bien le dire, puisque c'est ici le moment, un grand relâchement s'était introduit à Saint-Vannes. Gérard de Vaudenay, environ cent ans auparavant, était la principale cause du mal qui avait toujours empiré depuis. On raconte que

(1) Savoir : la prévôté, la célérerie, la pitancerie et l'infirmerie.

(2) *Serrières* ou *Senecey,* nom d'une famille de l'ancienne chevalerie de Lorraine.

cet abbé, bien plus digne de ceindre l'épée que de porter la mitre, *avait fait tant de vaines dépenses pour donner des fêtes aux seigneurs du pays (régaler la principale noblesse)*, dit l'histoire (voyez Roussel, LI) *qu'il fut obligé de vendre ou d'engager une grande partie des biens de son monastère, d'en mettre en gage l'argenterie, croix, calices et ornements, et même les titres et priviléges de l'abbaye.* Pour arriver à un tel état de choses, *il avait mis dans ses intérêts*, disent encore les chroniques, *l'évêque Jean-de-Bourbon, et une partie de la communauté. Celle-ci, au reste, était tombée dans un si grand dérangement que (à cette époque) la plupart des religieux furent obligés de quitter le monastère, de sorte qu'on n'y chantait pas dix fois les matines en un an* (1).

Si cet état de choses n'était pas tout-à-fait aussi déplorable sous Antoine de Serrières,

(1) Ce relâchement dura surtout depuis 1552 jusqu'à 1581.

on ne peut toutefois se dissimuler que,
même abstraction faite du honteux et
scandaleux cumul de bénéfices qui se voyait
en la personne de cet abbé, bien des abus
existaient encore dans le monastère de
Saint-Vannes. La rumeur publique en disait long sur cet article, et, tout en faisant
la part de l'exagération, ce qui restait ne suffisait malheureusement que trop pour justi-
fier les malins dires des habitants de la cité.

Et qu'on ne s'imagine pas que la visite
du seigneur évêque allait remédier à tous,
ou seulement à quelques uns de ces désor-
dres, car on serait dans une grande erreur.
A cette époque du moyen âge, en effet, les
remontrances d'un évêque auraient été de
bien peu de poids dans un monastère riche,
puissant, comme l'était celui de Saint-
Vannes, et qui, de plus, avait à sa tête un
abbé que ne l'était guère moins. A cette
époque encore, tous les monuments, tous
les historiens font foi que, généralement, le
clergé était très relâché, et, par cela même,

très indulgent, surtout pour les membres
riches et influents de sa robe, quoiqu'il fût,
dans bien des circonstances, extrêmement
rigide pour le bas peuple. Et puis Guillaume de Haraucourt avait bien d'autres
choses à faire qu'à sermoner des moines;
c'était aux rois vraiment qu'il donnait des
conseils; et par une juste réciprocité, visible punition du ciel, c'étaient les rois qui
devaient un jour lui faire expier rudement
l'abandon et le délaissement du troupeau
que Dieu lui avait confié. Mais n'anticipons
pas sur les événements.

Ce fut un véritable jour de fête pour le
monastère, lorsqu'on sut que le seigneur
évêque devait venir le visiter. L'abbé, à la
tête de tous ses religieux, fut le recevoir au
grand portail de l'église. Cet édifice, réédi-
fié en 1431 par le célèbre Etienne le Bourgeois, du Pont-à-Mousson, était d'une rare
élégance sous le rapport de l'architecture,
et rappelait tout ce que le style gothique et
byzantin offrent de plus achevé et de plus

beau. Les colonnes surtout en étaient d'une étonnante et admirable légèreté ; par un caprice qui était le comble de l'art chez l'artiste, les collatéraux atteignaient la hauteur de la nef. Cette disposition architecturale extrêmement rare, même dans les basiliques les plus célèbres, était d'un aspect singulièrement pittoresque, parce qu'elle offrait le style gothique dans toute sa pureté, et surtout parce que l'illusion était complète. En effet toutes ces colonnes ogivales si frêles, si délicates, que l'on osait à peine considérer crainte de les briser, en allant se perdre, en tous sens, dans l'ombre mystérieuse des voûtes, semblaient faire, aux regards saisis d'admiration, l'effet de ces mille rameaux d'un arbre immense qui irait se perdre dans l'azur des cieux. Après plus de trois siècles, les vitraux, qui étaient aussi fort remarquables sous le rapport de l'élégance et de la correction du dessin, n'avaient pas perdu de leur éclat. Le sanctuaire, décoré avec une grande magnificence, renfer-

mait des châsses toutes brillantes d'or et
d'argent, étincelantes de pierres précieuses,
ciselées avec un art admirable, et conte-
nant les ossements de plusieurs saints évêques. Mille tombes, où dormaient dans la
poussière du sépulcre tous les religieux
des temps passés, apparaissaient à la surface de la nef et des bas-côtés. L'orgue, cet
instrument qui exprime une pensée divine,
parce qu'il est sans doute descendu du ciel,
l'orgue qui fait corps pour ainsi dire avec
la basilique, l'orgue qui est l'organe du saint
monument, et sans la voix mystérieuse du-
quel le temple serait muet, inanimé, l'orgue
s'élevait radieux au-dessus du grand portail (1). Enfin pour qu'il ne manquât rien à
cet ensemble si harmonieux, l'architecte

(1) Tant que le catholicisme a été, en quelque sorte,
roi de la pensée humaine, l'orgue, instrument sacré, sa-
cerdotal, admirable invention anonyme, en ce sens
qu'aucun homme ne saurait s'en faire honneur ; l'orgue,
dis-je, a régné seul dans le domaine de la musique religieuse..... Mais depuis que l'art s'est sécularisé, si je puis
parler ainsi, depuis qu'il a déserté les temples, depuis que

habile avait dessiné, selon la coutume bien
entendue [de ces temps-là, au couchant de
l'édifice, cette rose étincelante et mystérieuse, afin que le flambeau du monde,
avant de terminer sa course de géant, pût
encore une dernière fois saluer de ses derniers rayons l'ineffable splendeur du sanctuaire. Telle était la poésie de ce moyen âge
que nous appelons *barbare*; telles étaient
les merveilles que la religion inspirait aux
arts.

Toutes les parties du vaste monastère furent successivement visitées par le seigneur
évêque. On était fier de lui faire les honneurs d'un séjour où régnaient la richesse et
l'abondance. Toutefois au milieu de cette
ivresse générale, un novice, un jeune novice était triste, soucieux; d'un regard ti-

les chants sataniques de l'Opéra ont fait irruption dans le
sanctuaire..... l'orgue a perdu son magique empire.....
l'orgue est devenu muet dans la nef abandonnée.

De l'orgue, ah! que me plaît la plaintive harmonie!!!
C'est le cygne mourant, exhalant son génie.

mide, d'un œil obscurci de larmes, il contemplait de loin son évêque. Ce jeune infortuné avait à peine dépassé son troisième lustre. Si jeune et verser des larmes !..... Il en versait pourtant, le malheureux, il en versait souvent, il en versait de bien amères ; et dans cette asile, où il aurait dû ne trouver que des consolations, il n'éprouvait que des rebuts, ne recevait que des humiliations.

Il s'appelait Hyacinthe..... c'était son nom, son seul nom. Bien jeune encore, il avait été reçu au couvent comme enfant de chœur. Plus tard, un vieux moine qui touchait l'orgue l'avait initié aux secrets de cet instrument sublime. Des dispositions naturelles, une extrême sensibilité firent que l'élève surpassa bientôt le maître, et qu'il le remplaça. Mais, hélas ! ce n'était pas ce que désirait Hyacinthe ! Lui qui depuis sa tendre enfance n'avait jamais vu que des moines, connu que des moines, vécu qu'avec des moines, eh bien ! le croirait-on, il aurait voulu aussi être moine. C'était toute son ambition. Il les supposait si heureux, il les voyait si respectés, si honorés par tout le monde, que le pauvre enfant croyait ferme- ment (et jusqu'à un certain point il avait raison, si on veut bien se reporter à l'époque où il vivait) que pour lui, le souverain bonheur serait d'obtenir de porter cet habit. Mais un obstacle mystérieux s'y opposait. Le seigneur abbé lui avait déclaré bien po- sitivement, et non sans l'admonester sévère- ment, que le respectable habit de moine n'était point fait pour un petit malheureux comme lui, *sans nom..... sans parents.....* Hyacinthe ne comprenait pas trop toute la portée de ces étranges paroles; car enfin, se disait-il à part lui, il avait un nom, puisque tous les religieux, et monsieur l'abbé tout le premier, l'appelaient Hyacinthe. A la vérité, il ne se rappelait pas avoir jamais reçu les tendres caresses d'une mère; mais, hélas! ce malheur, ne le partageait-il pas avec bien d'autres, qui comme lui, étaient orphelins?

Ah! se disait-il encore avec candeur et en
versant des larmes brûlantes, point de doute
qu'elle n'existe plus, ma bonne mère! sans
cela aurais-je été ainsi abandonné dans un
monastère? n'aurait-elle pas eu trop de plaisir, cette tendre mère, de m'avoir près d'elle?
Je serais si heureux, moi, de pouvoir la
presser sur mon cœur!.....

Telles étaient les tristes et douloureuses
réflexions du candide Hyacinthe, trop
jeune encore pour savoir, bien qu'il l'é-
prouvât, que le bon droit n'est rien quand
on est sans appui, sans fortune. Quoi
qu'il en soit, ces mots sacramentels, *sans
nom, sans parents*, demeuraient une énigme
dont il cherchait en vain le mot, et dont cependant il n'osait demander l'explication à
personne. Car il est bon d'ajouter, et nous
en avons déjà touché quelque chose plus
haut, que tout le monde au couvent semblait
le regarder avec mépris, avec dédain. Chaque jour, il lui fallait endurer mille rebuts,
mille dégoûts, dévorer en silence mille ava-

nies, mille humiliations. Il n'y avait pas jusqu'aux jeunes novices de son âge qui ne le tournassent journellement en ridicule, qui n'affectassent de s'éloigner de lui, qui ne permissent pas qu'il partageât leurs jeux. Hyacinthe, en un mot, était un véritable paria, dans cette maison où la charité aurait dû être la première des vertus.

Et puis la besogne dont il était chargé ne laissait pas que d'être bien assujettissante, bien pénible. Toucher l'orgue à tous les offices du jour et de la nuit; copier de la musique d'église, des livres d'heures. Et remarquez que toutes ces occupations étaient soumises au contrôle du chef des novices, homme dur, méchant, inflexible, à la mine rébarbative, sans cesse épiant l'occasion de punir : aussi la plus petite négligence, la moindre inexactitude, étaient-elles punies avec la dernière sévérité. L'heure du réfectoire et ensuite quelques instants de récréation, voilà tout ce qu'Hyacinthe avait de bon. Sortir, il n'y fallait pas songer; seulement on tolérait la promenade sous les beaux arbres qui entouraient le monastère. Rien donc d'étonnant que cet infortuné ambitionnât d'être moine, ne connaissant rien de mieux au monde.

Après avoir visité en détail la maison de Saint-Vannes, le seigneur évêque venait d'être conduit dans les jardins. Là, tous les religieux s'empressaient à l'envi autour de lui. On pense bien que, dans cette joyeuse foule d'élite, il n'y avait point de place pour les novices, et encore bien moins pour Hyacinthe; et pourtant il lui en aurait fallu une bien petite, à lui pauvre enfant, si humble! si modeste! Quoi qu'il en soit, il se contentait de considérer de loin, de bien loin, dans un coin reculé du jardin, derrière un arbre bien touffu, ce qui se passait. Ah! qu'il aurait désiré pouvoir se jeter aux pieds du seigneur évêque, embrasser ses genoux, lui faire bien humblement une prière, deux mots.....

rien que deux mots..... mais il n'y avait pas
moyen. A peine si le pauvre Hyacinthe osait
respirer dans son petit coin.

Toutefois le hasard voulut que le groupe
principal, celui où était le seigneur évêque,
se dirigeât lentement vers l'endroit du jardin
où était comme blotti le jeune novice. Oh !
pour le coup, l'épreuve était trop forte : un
saisissement universel le prit ; il tremblait, le
malheureux, comme s'il eût commis une
grosse faute ; son état faisait peine, pitié à
voir. Cependant le groupe avançait toujours
dans la direction d'Hyacinthe ; quelques pas
encore, et celui-ci allait se trouver face à face
avec le seigneur évêque. Qu'allaient dire
l'abbé ?.... les religieux ?.... Fuir, il n'y fallait
pas songer ; et puis en aurait-il eu la force ?

Tout-à-coup, au détour d'une allée, le
jeune novice aperçoit l'évêque..... il n'était
plus qu'à quelques pas. Cette subite apparition achève de glacer d'effroi le pauvre enfant ; il tombe presque sans connaissance
sur un banc de gazon..... A ce mouvement,

l'abbé qui s'était bien aperçu que quelqu'un était là, s'avance et reconnaît..... Hyacinthe.

Il faudrait pouvoir apprécier aujourd'hui l'extrême distance qui existait alors entre un pauvre novice et un abbé de Saint-Vannes, il faudrait pouvoir se faire une idée de l'abjection, du rang infime de l'un, de la morgue, de l'autorité sans bornes de l'autre, pour comprendre et l'étonnement et plus encore l'indignation d'Antoine de Serrières. Un regard plus foudroyant que les plus foudroyantes paroles témoigna d'abord de sa colère. Mais ce langage muet, et pourtant si énergique, ne pouvait être de longue durée. Il fallait que l'explosion eût lieu; elle ne se fit pas attendre.

— Que fait là Hyacinthe? s'écria l'abbé d'une voix tonnante.

.　.　.　.　.　.　.　.　.　.　.　.　.　.

— Qui lui a permis de se trouver sur le chemin de notre seigneur évêque?

.　.　.　.　.　.　.　.　.　.　.　.　.　.

— D'où lui vient tant de hardiesse d'oser le regarder en face?

. . . .

— Hyacinthe aurait-il oublié qu'il n'a ici que la dernière place, et que si, dans notre indulgence, nous avons daigné tolérer qu'il dépassât le seuil de notre porte, c'était pour qu'il y demeurât?

. . . .

— Allez! retirez-vous!

. . . .

Hélas! c'est en vain que l'infortuné veut se dérober au regard fascinateur qui l'absorbe; c'est en vain qu'il veut fuir la foudre prête à l'écraser; il n'en a pas la force, un pouvoir surnaturel semble le retenir à cette place fatale. Oui, encore une fois, c'est en vain qu'Hyacinthe essaie de se mouvoir, un charme insurmontable l'enchaîne, le retient immobile. Une espèce d'insensibilité a glacé tout son être; son pouls a cessé de battre, son sang de circuler dans ses veines; aucun son ne pourrait s'exhaler de sa poitrine oppressée; et s'il pense encore, s'il fait encore quelques légers mouvements, ce n'est que machinalement. Ce sont les derniers efforts de la machine qui fonctionne après que le moteur a disparu.

Cependant l'infortuné a pu lever ses yeux, ses yeux si beaux, si expressifs, si pleins d'innocence, de candeur, sur son seigneur évêque. Ah! c'est l'humble gémissement de la colombe entre les serres de l'autour! Guillaume dont le cœur est bon, généreux, compatissant, ne peut rester insensible à ce charme puissant; il se sent attendri. Il ne comprend pas qu'un enfant, dont le regard est celui de l'innocence, soit coupable. Il s'approche avec bonté, et d'une voix émue:

— Qu'avez-vous, mon enfant, que désirez-vous? Parlez....Je viens ici essuyer les larmes et porter l'allégresse. Soyez sans crainte..... Répondez-moi.

A ces douces et consolantes paroles, Hyacinthe éprouve, pour la première fois peut-être depuis qu'il est à Saint-Vannes, une sorte de bien-être qui soulage et allége son pauvre petit cœur si serré, si oppressé. Il ressent un secret besoin de se jeter aux pieds de celui qui est si bon, si compatissant pour lui; il voudrait embrasser ses genoux, lui conter ses peines, lui confier ses chagrins. Mais, hélas! la présence de l'abbé le retient encore. Il n'ose, que dis-je? il ne pourra jamais, en sa présence, proférer un seul mot.

— Allons, mon fils, reprend encore l'évêque, remettez-vous. Je suis votre père, votre père à tous..... Oui, vous êtes tous mes enfants; je vous porte tous dans mon cœur.

Des paroles si affectueuses sont comme un talisman pour le pauvre Hyacinthe. Elles effacent soudain dans son esprit le souvenir des reproches cruels que lui adresse journellement l'abbé. Elles sont comme une sorte de démenti donné à ces sinistres paroles, *sans nom, sans parents*. Oui, le charme est détruit..... Hyacinthe rentre dans le droit commun.....

— Monseigneur! s'écrie-t-il..... Mais, hélas! il n'en peut dire davantage; sa voix s'y refuse, et tour à tour une vive rougeur et la pâleur de la mort apparaissent sur ses traits.

— Eh bien, mon enfant, je vous écoute.... Parlez sans crainte, sans détour; ayez confiance en moi; ouvrez-moi votre cœur....., je vous en conjure, et, s'il le faut, je vous l'ordonne.

Comment Hyacinthe serait-il insensible à tant de bontés? Comment n'épancherait-il pas ses plus secrètes pensées dans le sein de celui qui se montre si humain envers lui? Oui, il va tout dire à son évêque; il va mettre son sort entre ses mains, il va le rendre arbitre de ses destinées.

— Monseigneur, s'écrie-t-il en se précipitant à ses genoux, monseigneur, vous me rendez la vie; ne dois-je pas à vos bontés l'espoir qu'un jour je pourrai porter cet habit, objet de tous mes vœux, et.....

— Jamais! s'écrie soudain l'abbé d'une voix de tonnerre, jamais!

Et l'infortuné Hyacinthe recule d'épouvante, et va tomber à quelques pas sur un banc de gazon.

Cependant l'évêque, un peu surpris de cette sortie brusque, pour ne pas dire inconvenante, de l'abbé, s'approche de lui, et à voix basse lui en demande la cause. Alors celui-ci dévoile au seigneur évêque la mystérieuse destinée du jeune novice, sa position équivoque aux yeux des religieux, la déconsidération, le scandale qui en résulterait pour la maison de permettre qu'un inconnu portât le vénérable habit de moine. Puis, prenant le seigneur évêque à part, et s'approchant de lui avec une sorte de mystère, l'abbé ajouta encore d'autres considérations, mais d'une voix si basse, qu'aucun des religieux présents n'en put saisir le sens. Toutefois, à l'air sévère que prit soudain Guillaume de Haraucourt, on dut

en tirer la conséquence que ce dont il venait
d'être instruit par l'abbé était extrêmement
sérieux, et que les motifs qui s'opposaient à
ce que Hyacinthe fût moine étaient de la
dernière gravité.

Cependant l'évêque, avant de s'éloigner,
ne put s'empêcher de jeter une dernière fois
un regard de compassion sur le pauvre Hyacinthe, de lui adresser quelques mots de
consolation. Il s'acquitta même de cette
œuvre de charité avec une sorte d'intérêt,
de sollicitude, l'on pourrait presque dire
d'égard, qui surprit beaucoup les religieux,
leur donna non moins à penser, mais ne
leur rendit encore que plus difficile à
pénétrer le mystère dont la destinée du
jeune novice était enveloppée.

Malgré le langage paternel de l'évêque,
l'infortuné Hyacinthe comprit de reste
que sa position n'était pas améliorée,
surtout qu'il fallait faire le sacrifice de ses
désirs, et se soumettre au sort qui avait
décidé qu'il ne serait qu'un pauvre serviteur

dans le monastère. En vain alors il repassait dans sa mémoire les paroles affectueuses du seigneur évêque, en vain il se rappelait son air plein de bonté, le terrible *jamais* de l'abbé était toujours là, retentissant comme un cri de mort.

Jamais!!!

— Quel crime ai-je donc commis? se demandait intérieurement le jeune novice..... Ah! ma mère, où êtes-vous?..... Vous seule pourriez me pardonner..... Mais eux..... les cruels! ils me condamnent..... ils m'abandonnent.

Et tandis que l'infortuné Hyacinthe, resté seul sur un banc de gazon, se répandait en pleurs, en sanglots, le monastère de Saint-Vannes était dans la joie, dans l'allégresse.... Et, le croirait-on? les religieux, au lieu de compatir charitablement aux larmes d'un enfant, insultaient encore à son malheur, et, par une amère dérision, le désignaient sous le nom scandaleux du *fils de Bethsabée.*

Tant de fiel entre-t-il dans l'âme des dévôts?

Deuxième Journée.

She lov'd me for the dangers I had pass'd;
And I lov'd her, that she did pity them.

Elle m'aima à cause des dangers que j'avais courus,
Et je l'aimai parce qu'elle avait eu pitié de mes infortunes.
(N....)

On n'a jamais su, l'on ne saura jamais, tout
ce qu'il y a d'amour, de trahison dans le cœur
d'une femme.
(*Pensées philosophiques de l'auteur.*)

Louis, onzième du nom, venait de monter
sur le trône. Étant dauphin, la conduite
qu'il avait tenue envers son père, le roi
Charles VII, donnait assez à penser ce que

le sceptre serait plus tard entre les mains
d'un fils dénaturé. Aussi jamais prince ne
fut plus despote, plus absolu, plus soupçonneux, plus jaloux de sa puissance que
Louis XI. Malheur à qui l'avait offensé!!! Il
pouvait bien quelquefois dissimuler son
ressentiment..... pardonner, jamais!!!.....
Sous son règne de fer, plus de quatre mille
personnes de tout âge, de tout sexe, de toute
condition périrent par divers supplices (1),
dont souvent, comme un autre Néron, il
voulait être le spectateur et le témoin. Presque tous ces malheureux étaient exécutés
sans forme de procès. Les uns étaient noyés
avec une pierre au cou, les autres précipités dans des culs de basse-fosse où ils tom-
baient sur des machines armées de pointes,
de crochets, de poignards; ceux-ci étaient
étouffés dans leur cachot, ceux-là enfermés
dans des cages de fer. N'aimant pas la haute
noblesse qu'il craignait, Louis XI ne s'entou-

(1) Voyez *Bayle*, art. Louis XI, note Q. Voyez aussi
Mezeray.

rait que de gens des dernières classes du
peuple. Olivier-le-Daim, son barbier, était
son conseiller et son digne ministre. Un
certain Tristan, qu'il appelait familièrement
son *compère* depuis qu'il l'avait revêtu de
la charge de prévôt de l'hôtel, était l'exécuteur de ses terribles et sanglantes volontés (1). Alliant la plus stupide superstition
à la plus lâche férocité, le monarque français ourdissait des crimes factices, des trahisons imaginaires pour perdre les malheureux dont il voulait se défaire ; puis, au milieu
de ce dévergondage d'atrocités, ne s'occupait
que de prières, de pèlerinages ; ne portait
que croix, que rosaires, que reliques ; ne ju-
rait, et surtout ne faisait jurer les autres que
sur les images des saints, que sur les objets
les plus révérés de notre religion. Et pourtant Louis XI (dit Comines) *était humble en
paroles, en habits, et naturellement ami des
gens de moyen état.* Il était encore fort sage,

(1) Tous ces détails sont historiques ; voyez surtout
Comines, P. *Matthieu*, *Duclos*, *Damesnil*, etc.

fort patient dans l'adversité, très habile à
pénétrer les pensées des autres, à les attirer
dans ses filets, à les mener à ses fins. Aussi
nul roi ne sut mieux que lui mettre la discorde parmi ses ennemis. Avare par goût,
prodigue par politique, méprisant les bien-
séances, confondant l'habileté et la ruse,
préférant celle-ci à toutes les vertus, on peut
résumer ce prince en trois mots, en disant
qu'il fut mauvais fils, mauvais père, mauvais
époux. Toutefois hâtons-nous de dire que si
Louis XI a été terrible, a été un objet d'effroi et d'épouvante pour beaucoup de ses
sujets, il peut et doit être regardé cependant,
par les bons esprits, comme un des plus
grands rois et des plus faits pour régner que
la France ait jamais eus (1).

Par un trait de sa haute politique, ce monarque venait de commettre Thierry de
Lénoncourt, bailli de Vitry, qui avait déjà

---

(1) Comines dit expressément *qu'il fut le meilleur des
princes de son temps.* Quels pouvaient être les autres ? ajoute
Mezeray en citant ce passage.

été revêtu de cette charge sous Charles VII, à la garde des habitants de la cité de Verdun, et ôté cet emploi au duc de Lorraine à qui il l'avait d'abord donné, ne sachant pas, ou plutôt feignant d'ignorer que cela contrevenait aux anciens traités contractés avec ladite cité. Dès le règne de Louis X, dit le Hutin, les habitants de Verdun avaient recherché la protection de la France, sous la condition d'une somme de 500 livres au roi, 200 livres pour le gardien; d'équiper en outre, pour le service dudit roi de France, 80 hommes de cheval et 20 soldoyers, pourvu toutefois que *ces forces* ne fussent point dirigées ni contre l'empereur, ni contre l'évêque de Verdun; ce qui prouve que *les forces* du saint-empire et du seigneur évêque n'étaient pas alors fort nombreuses, ou bien que les habitants de Verdun étaient des gens de guerre fort redoutables.

Quoi qu'il en soit, Thierry de Lénoncourt, bailli de Vitry, muni des lettres du roi, arriva à Verdun le 6 de février de l'an 1461.

Ce seigneur jouissait d'une haute réputation de valeur. Il en avait donné des preuves non équivoques dans maintes circonstances difficiles. Au reste, Louis XI, en lui confiant le poste important où il l'envoyait, prouvait assez que le nouveau gouverneur en était digne. M. de Lénoncourt n'était plus jeune; chez lui, l'âge des illusions était passé; mais, en revanche, une haute sagesse, une prudence consommée, fruit d'une longue expérience des affaires, en faisaient un véritable homme d'État. On pouvait même soupçonner, en le voyant, que celles-ci l'avaient vieilli et peut-être avaient altéré sa santé. Toutefois, si ses formes extérieures n'avaient plus cet éclat qui seul est l'apanage de la jeunesse, il avait au plus haut degré cet air mâle, imposant, majestueux qui sied si bien au guerrier; et, sur ce visage empreint d'une noble fierté, on devinait encore le mortel qui avait été cité pour sa beauté dans sa jeunesse. Enfin si ce sourire aimable, séducteur, qui tempère

si bien la rudesse du guerrier, n'errait plus
sur ses lèvres, une exquise politesse, un
grand savoir-vivre, cachet distinctif de
l'homme qui a reçu une bonne éducation,
qui a long-temps habité les cours, fréquenté
les grands de la terre, distinguait éminemment M. de Lénoncourt.

Pour qui connaît tous les replis du cœur
humain, il était encore facile de juger, au
premier abord, que ce seigneur avait dû
éprouver de vifs chagrins; de ces chagrins
domestiques que le public devine quelquefois, mais que l'homme d'esprit, qui est la
victime de ces peines secrètes, laisse toujours
ignorer. Ah! qu'ils sont cuisants ces chagrins
ainsi renfermés dans le cœur! comme ils
torturent tous les instants de la longue
existence d'un mortel! comme ils empoison-
nent toutes ses pensées, toutes ses sensations! et jusqu'à ses plaisirs s'il peut alors en
goûter. Oui c'est bien le vautour dévorant
acharné sur le cœur de Prométhée!

Quoi qu'il en soit, M. de Lénoncourt avait

uni son sort à une femme que l'on citait
pour ses charmes et ses brillantes qualités;
sa naissance n'était pas moins illustre. Et
pourtant on disait que cette union n'était
pas heureuse. Une douce fécondité n'avait
pas resserré les liens de l'hymen. Je me
trompe..... Un bruit sourd s'était accrédité
que l'unique fruit de ce mariage avait disparu.,... Ce mystère inexplicable était diver-
sement raconté, toutefois d'après la version
la plus ordinaire un enfant aurait été sous-
trait immédiatement après avoir vu la lumière. Ce fait remontait à une quinzaine
d'années environ. M. et madame de Lénoncourt gardaient l'un et l'autre le plus profond silence sur cette époque de leur hymen,
sur ces premières années ordinairement si
fortunées, et les seules peut-être où l'amour
trouve encore à cueillir quelques fleurs. Pas
n'est besoin d'ajouter que les intimes amis
de la maison respectaient ce silence; que,
directement ou indirectement, aucune allusion n'y était jamais faite; ce qui n'empê-

chait pas que tout Verdun ne fût imbu de
ce bruit pour ainsi dire populaire qui laissait planer, sur le compte de M. de Lénoncourt, je ne sais quoi de pénible, de fâcheux,
de sinistre.

Toutefois madame de Lénoncourt, depuis
cette mystérieuse aventure, n'avait pas cessé
d'habiter avec son mari. Tout récemment
encore elle venait d'arriver avec lui à Verdun. Extérieurement, et grâce à cette urbanité, à ces formes d'une exquise politesse,
résultat d'une bonne éducation, la meilleure
intelligence semblait régner entre les deux
époux; mais on savait, par les gens de la
suite, que la plus grande froideur, la plus
désespérante indifférence existait entre eux,
et que jamais, dans l'intimité, dans le tête
à tête, un seul mot n'était échangé. Tout
cela donnait, je ne dirai pas beaucoup à
dire, mais beaucoup à penser; car, en ce
temps-là, voyez-vous, on ne se permettait
pas de dire tout ce qu'on pensait.

Malgré ses trente ans, madame de Lénon-

court était encore d'une beauté remarquable. Elle avait à peine dépassé son troisième
lustre, lorsqu'elle s'était engagée dans les
liens du mariage. Les noces s'étaient faites
non loin de Verdun, dans le château de ses
aïeux; et moins d'une année après, avaient
eu lieu, dans le même endroit, des couches
mystérieuses. Alors on avait formé bien des
conjectures; toutefois le public, qui accorde
toujours si facilement un amant à une
jeune femme, avait été pris cette fois au
dépourvu; c'est-à-dire que la chronique
charitable n'avait pu désigner personne
qui eût alors, d'une manière tant soit peu
ostensible, fait la cour à cette dame. Il est
bon d'ajouter encore que, fort peu de temps
après le mariage, on avait cru déjà s'apercevoir, de la part de M. Lénoncourt, de quelque froideur pour sa jeune et belle moitié.

Malgré ses charmes, son amabilité, son
enjouement, et une folle gaieté qu'elle
affectait, mais qu'il était facile de voir
que son cœur ne partageait pas, madame

de Lénoncourt avait, non moins que son époux, cet air soucieux , préoccupé, qui donne aux plus simples actions de la vie je ne sais quoi d'étrange, d'indéfinissable. Une sombre mélancolie qu'elle s'efforçait en vain de déguiser planait presque toujours sur ses traits si beaux, si réguliers. Au milieu de la représentation où l'obligeait son rang, au sein des plaisirs qui l'environnaient, des soupirs étouffés venaient à l'improviste expirer sur ses lèvres, et souvent une larme brûlante s'échappait furtivement de ses yeux..... Chez elle, on n'en pouvait douter, quelque chose d'insolite se passait intérieurement. Était-ce de tendres souvenirs, ou plutôt de tristes regrets qui la tourmentaient?.... Ou bien, une flamme coupable..... consumait-elle sa pénible existence?.... On ne pouvait trop le deviner..... Un habile physionomiste y eût vu l'un et l'autre peut-être..... Toujours est-il que cette dame ne pouvait tellement déguiser l'agitation qu'elle éprouvait, qu'on ne s'aperçût bien que chez elle un sentiment violent était comprimé, refoulé..... et qu'un peu plus tôt, un peu plus tard, l'explosion aurait lieu. Ainsi, aux champs de la Sicile, le mont abrupte mugit long-temps avant de vomir sur les guérets voisins les flots bouillonnants de sa lave brûlante.

Tout était mystérieux dans la manière d'être de madame de Lénoncourt. Malgré le charme qu'elle répandait dans la société, elle fuyait cependant cette société qui la recherchait, ce grand monde dont elle était l'ornement. Elle n'y paraissait pour ainsi dire qu'à regret, lorsqu'il le fallait absolument. Une telle conduite avait quelque chose d'extraordinaire, d'inexplicable, on pourrait dire de suspect. Toutefois on ne lui connaissait aucun attachement sérieux; mais il est des femmes qui savent si bien garder ce secret..... que la malignité était loin d'être *rassurée*..... Et puis les torts de son époux pour elle, pour elle si jeune, si belle encore, donnaient le droit de présumer qu'elle était

loin d'avoir renoncé à l'amour, et que
peut-être, grâce à cette conduite toute
pleine de mystère, à cette sauvagerie sentimentale, inexplicable, elle avait le talent de
se dédommager, dans l'intimité d'un tendre
ami, de la froideur d'un époux.

La vue d'une nature agreste et romantique, qui plaît tant aux âmes mélancoliques,
avait aussi pour madame de Lénoncourt un
charme inexprimable. L'antique abbaye de
Saint-Vannes, non alors encore enclose dans
les murs d'une forteresse, mais s'élevant au
milieu d'une ceinture verdoyante de beaux
arbres et offrant le coup d'œil le plus pittoresque qu'il soit possible de s'imaginer,
était le but ordinaire des promenades de
cette dame. Elle affectionnait tellement ce
lieu retiré, que rarement passait-elle un jour
sans aller visiter l'élégante et sainte basilique du monastère. Là, profondément age-
nouillée dans une chapelle solitaire, elle
semblait confier sa douleur, ses tristes pén-
sers à la pierre muette des tombeaux. Les

sons plaintifs de l'orgue, les voix graves et
majestueuses des religieux, le silence solennel du sanctuaire, avaient alors pour elle des
charmes que les joies bruyantes du grand
monde lui refusaient. Ces moines si humbles,
si modestes, faisaient son admiration. Le
zèle fervent des jeunes novices, s'initiant
aux mystères du cloître, aux pompes du
sanctuaire, l'intéressait vivement. Toutefois,
il faut bien le dire, si le célèbre monastère
offrait encore de grands exemples de vertu,
de piété, le relâchement y avait fait aussi des
progrès effrayants..... Sous ce rapport on
racontait des choses très peu édifiantes.....
des aventures plus que scandaleuses..... Et
pour tout dire en un mot, la perversité du
siècle, comme un serpent, s'était glissée dans
la maison de Dieu (1).

Ces écarts déplorables étaient rares à la
vérité; mais enfin ils se reproduisaient en-

(1) Afin d'éviter d'entrer dans des détails toujours pénibles et scandaleux, nous dirons seulement que, lorsque
dom Didier de la Cour essaya d'introduire la réforme dans

core trop souvent pour un monde satirique, corrompu, qui ne demandait pas mieux que de trouver une sorte d'excuse à ses débordements, dans ceux de quelques pauvres religieux. Toutefois, hâtons-nous de le dire, malgré ce relâchement du monastère de St-Vannes, ces fautes graves contre la chasteté, cette première vertu que devrait avoir un moine, étaient *quelquefois* punies bien sévèrement. Dans certains cas, le coupable expiait ses faiblesses par une prison perpétuelle..... et un cachot ténébreux, où plutôt la tombe, car c'en était une, ensevelissait pour jamais et le crime et le criminel (1)......

Ces châtiments redoutables s'infligeaient

le monastère de Saint-Vannes, les moines *ne voulurent pas même accepter la mitigation qu'on leur proposait d'observer seulement les trois vœux, de pauvreté, de chasteté et d'obéissance,* et qu'il fallut établir un noviciat pour de nouveaux religieux, soumis à l'étroite observance de la règle de saint Benoît. (Voyez *Dom Calmet* et *Roussel.*)

(1) J'ai encore vu, dans ma jeunesse, le caveau en question : il était situé dans une cour retirée, non loin des murs de clôture.

sans bruit, dans le plus profond secret. A peine si quelques moines des plus vieux en étaient instruits ; mais le public l'ignorait, ou, tout au plus, ne pouvait que le soupçonner, en voyant disparaître du chœur tel ou tel religieux. On avait conservé le souvenir, par exemple, d'un religieux qui, jeune encore, avait été condamné, il y avait à peu près quinze ans, *au pain de misère et à l'eau d'angoisse*, pour une faute très grave qui avait offensé une famille puissante. Un jour, le malheureux disparut..... onc depuis on ne le revit. En demander des nouvelles aux autres religieux, c'eût été peine inutile. Qu'auraient-ils dit ?..... Ils ne savaient rien..... L'abbé et deux ou trois anciens étaient seuls dans le secret, et ce secret terrible mourait avec eux. D'après la jeunesse de cet infortuné, on pouvait seulement présumer que peut-être vivait-il encore, si toutefois c'est vivre que d'être plongé tout vivant dans un cul de basse-fosse, de n'avoir pour toute nourriture que du pain et de l'eau, de recevoir, à certains jours de l'année, une rude, une sanglante discipline, et d'être certain de ne revoir jamais la lumière.

Dans toute la cité on avait beaucoup parlé, dans le temps, de cette punition exemplaire ou plutôt barbare. On avait fait, à ce sujet, bien des commentaires, bien des suppositions; mais on ignorait complétement le fond de cette aventure, les détails du crime, le nom du coupable, la qualité des personnes offensées. Toutefois on devait croire celles-ci puissantes, d'après la sévérité qu'on avait déployée, et le profond mystère qui avait entouré toute cette affaire Comme on oublie bien vite les infortunés, et surtout les morts (le pauvre religieux pouvait bien être considéré comme tel), on n'en parla bientôt plus; on finit même par l'oublier entièrement. Il aurait fallu qu'un autre châtiment du même genre eût lieu, pour qu'on se rappelât ce qui s'était passé. Mais bien que le relâchement allât toujours en croissant, bien qu'un nouvel exemple de sévérité eût pu sans doute trouver son application, ces sortes de punition devenaient de plus en plus rares, ou plutôt étaient tout-à-fait tombées en désuétude. D'ailleurs il ne faut pas perdre de vue, encore une fois, que le malheureux religieux avait été puni bien moins pour sa faute, que pour donner satisfaction à une famille puissante, assez haut placée, sans doute, pour pouvoir tirer vengeance, sur le monastère de Saint-Vannes, de la faute d'un de ses membres, si la satisfaction demandée eût été refusée.

Madame de Lénoncourt avait vraisemblablement entendu parler, comme tout le monde, de cette affaire, et sans doute aussi elle avait compati au sort du malheureux; car généralement les femmes éprouvent une sorte de sympathie pour ces infortunes qui sont le fruit de l'amour; près d'elles, la meilleure recommandation est d'avoir souffert pour cette *cause sacrée*.... Mais,

encore une fois, on ne parlait plus de cela
dans la cité : c'était une chose complète-
ment oubliée excepté peut-être par la victime.

Quoi qu'il en soit, madame de Lénoncourt, attirée par un attrait secret, un
charme irrésistible, ne passait guère de
jours sans aller visiter Saint-Vannes. C'était
un but de promenade ou plutôt sa promenade favorite. Et, en effet, le site des environs du monastère était enchanteur, la vue
que l'on découvrait magnifique; de frais
ombrages régnaient tout autour de cette
demeure agreste, paisible, silencieuse. Mars
et ses rudes travaux n'avaient point encore
passé par là, renversé sans pitié l'habita-
tion du riche comme la chaumière du pauvre, abattu les arbres séculaires, désen-
chanté les bosquets solitaires, desséché les
fleurs et le gazon, exilé au loin les habitants
désolés de ces riants et fortunés alen-
tours.

Parmi les nombreux novices qui apparaissaient comme des ombres légères sous les nefs de la sainte basilique, madame de Lénoncourt, depuis quelque temps, en avait plus particulièrement remarqué un qui se distinguait des autres par son extrême jeunesse, son air plein de candeur, sa beauté presque surnaturelle. C'était Hyacinthe, ce jeune frère qui s'était jeté aux genoux du seigneur évêque, lors de sa visite au monastère. Ce jeune homme, ou plutôt cet enfant, était particulièrement chargé, ainsi que nous l'avons dit plus haut, du soin de toucher l'orgue, de copier la musique qu'on exécutait au chœur, et d'*enluminer* les missels. Sans appui, sans recommandation, il avait pour ainsi dire été reçu par charité dans le couvent, et à charge par lui de se rendre utile à la communauté.

Madame de Lénoncourt, qui le rencontrait souvent sous les frais ombrages qui entouraient l'église, lui avait déjà adressé avec bonté la parole plusieurs fois, et

toujours pour lui témoigner le plaisir qu'elle
éprouvait lorsqu'il touchait les orgues.
Ces encouragements flatteurs, de la part
d'une personne d'un rang si élevé, avaient
singulièrement ému Hyacinthe; lui, pauvre
orphelin délaissé de tout le monde, lui,
pauvre enfant n'éprouvant que des rebuts,
n'entendant que des menaces, ne recevant
que des admonestations. Aussi était-ce
une grande joie quand il apercevait cette
dame, quand il la rencontrait, quand elle
lui adressait quelques mots de louange.
Il fallait voir comme, depuis quelque temps,
le jeune novice travaillait avec ardeur, les
progrès qu'il faisait, l'expression qu'il mettait dans l'exécution des belles compositions
de Palestrina (1) et d'autres maîtres célèbres, dont le couvent faisait venir, à
grands frais, les œuvres de la capitale du

(1) Célèbre compositeur de musique sacrée. C'est à la
considération du grand talent qu'il montra que les papes
conservèrent la musique dans les églises, d'où ils voulaient
la bannir, parce qu'elle était devenue triviale et même
indécente.

monde chrétien, de cette Rome qui tenait alors le sceptre de la musique religieuse.

Hyacinthe venait d'atteindre sa seizième année. Dans notre monde corrompu, avec notre épouvantable civilisation, à cet âge, on n'est plus un enfant aujourd'hui..... Mais alors, et surtout dans un cloître, c'était bien différent. Hyacinthe était l'innocence même..... Aussi les premiers encouragements qu'il reçut de madame de Lénoncourt ne lui causèrent d'abord qu'un naïf plaisir; mais ensuite, sans trop pouvoir se rendre raison de ce qu'il éprouvait, ce fut quelque chose de plus qu'il ressentit à la vue de cette dame. Rien que le son de sa voix, lorsqu'elle le félicitait de ses progrès, le jetait dans un trouble inexprimable. Le cœur du jeune novice battait alors si fort, qu'à peine pouvait-il répondre. De son côté, madame de Lénoncourt n'était pas moins émue; elle se complaisait à ce pudique embarras, à cette modeste rougeur qui rehaussaient encore la beauté de cet enfant, pour lequel elle éprouvait une sympathie dont elle ne pouvait, ou plutôt dont elle n'osait encore s'expliquer le motif.

— Hyacinthe, lui dit-elle un jour, vous vous êtes surpassé aujourd'hui..... jamais je n'ai trouvé l'orgue si mélodieux..... jamais il ne m'a causé tant d'émotion.....

Madame de Lénoncourt se tut; puis, après un moment de silence : — Peut-être ces chants me rappelaient-ils de doux souvenirs....., Ah! oui, reprit-elle en soupirant, quand ceux que nous avons tant aimés ne sont plus, il nous semble encore que cette belle voix de l'orgue, avec laquelle ils confondirent jadis la leur, vient nous redire et leurs prières ferventes et leurs tendres accents!..... Puis jetant sur le jeune novice un de ces regards dont les femmes seules ont le secret : — Hyacinthe, je crois avoir pleuré en vous écoutant.....

— Vous, madame, vous avez pleuré, et j'en serais la cause!!!...

— Non pas vous, Hyacinthe, mais cette musique délicieuse.....

— Ah! alors c'est Palestrina qui vous a fait répandre des larmes.

— Quelle ingénuité! se dit tout bas madame de Lénoncourt; qu'il m'intéresse ce jeune enfant! reprit-elle encore en poussant un profond soupir.

— Hélas! madame, dit Hyacinthe, qui ne comprenait rien au trouble de madame de Lénoncourt, je croyais qu'il n'y avait que moi qui eût à pleurer, mais vous..... vous devez être heureuse!.....

— Pauvre Hyacinthe! Ah! désabusez-vous!

— Comment! vous ne seriez pas heureuse..... vous qui méritez tant de l'être!.... vous qui êtes si belle.....

Et la voix du jeune novice s'éteignit en prononçant ces derniers mots.

Un tendre regard fut la réponse de madame de Lénoncourt. Tant de candeur, tant de naïveté avaient porté son émotion au comble; et la femme qui sans doute avait soutenu plus d'un combat avec l'amour, était vaincue, subjuguée par un enfant. Doux charme de l'innocence , ah ! que ton pouvoir est grand! qu'il est inexplicable!

Cependant, s'efforçant de dissimuler son trouble, madame de Lénoncourt reprit après un moment de silence :

— Hyacinthe, comment vous trouvez-vous au couvent de Saint-Vannes? Quelle existence y menez-vous?

— Je suis quelquefois bien triste, mais depuis quelque temps.....

— Eh bien?

— Je le suis moins......

— Vous êtes donc plus heureux, maintenant?

— Ah! madame, reprit vivement Hyacinthe en rougissant, vos bontés.....

— Ne parlons pas de cela..... Dites-moi,

Hyacinthe, j'ai appris que vous voulez être religieux.

—Hélas! madame, ils disent tous ici qu'un inconnu, sans nom, comme moi, ne peut aspirer à cet honneur.

—Comment, un inconnu, sans nom?..... Ne vous appelez-vous pas Hyacinthe?.....

—Je m'explique peut-être mal; mais ils disent que je n'ai pas de parents.

—Eh bien, je vous en servirai.

—Ah! si vous étiez ma mère, comme je vous aimerais!

— Vraiment, Hyacinthe?

—Oh! oui, je vous aime déjà tant... Pardon, madame, cet aveu m'est échappé, et.....

—Votre franchise me plaît, Hyacinthe, reprit madame de Lénoncourt qui pouvait à peine maîtriser sa vive émotion.

—Eh bien! je vous l'avouerai, si je pouvais faire votre bonheur, oh! alors je serais heureux tout-à-fait.

—Soyez-le, Hyacinthe, c'est le meilleur moyen de me rendre heureuse.

— Vous ne l'êtes donc pas?..... Ah! je m'en serais douté, sous un certain rapport.

— Comment cela, Hyacinthe?

— Vous allez me gronder, peut-être..... M. de Lénoncourt me fait une peur épouvantable, et.....

— Eh bien?.....

— Eh bien! est-ce qu'il ne vous fait pas peur aussi?

— Pourquoi donc craignez-vous tant mon mari? reprit madame de Lénoncourt en souriant.

— Oh! je vais vous le dire. D'abord il a un air si sérieux, si digne, que je tremble tout d'abord du plus loin que je l'aperçois. En vain je voudrais fuir, je n'en ai pas la force; il faut que je reste là, sur son passage, que j'entende sa voix retentissante: car toujours il m'adresse la parole. Mais ne croyez pas que ce soit comme vous, pour me donner des louanges. Oh! non, ce n'est pas cela.

— Que fait là Hyacinthe?..... où va-t-il?..... d'où vient-il?..... Tantôt l'orgue ira mal.....

Je parlerai à M. l'abbé..... Hyacinthe sera puni..... c'est un fainéant..... qui ne fera jamais rien, dont on ne pourra jamais rien faire..... Retournez à votre cellule..... Allez, allez travailler, petit vaurien que vous êtes!.... — et tout cela avec une voix de tonnerre, et des yeux!!!..... j'en tremble encore, rien que d'y penser!

— Pauvre Hyacinthe!

— Oh! madame, c'est comme je vous le dis. Quand je touche mal l'orgue, c'est que je pense à M. de Lénoncourt.

— Et quand vous le touchez bien, comme aujourd'hui, par exemple?.....

— Alors.....

— Eh bien!.....

— Je pense à vous, madame.

— Puisqu'il en est ainsi, reprit madame de Lénoncourt en souriant, pensez toujours à moi.

— Oh! oui.....

— Vous me le promettez?

— Pourrais-je faire autrement?

Cette tendre conversation, ce doux entretien d'un jeune homme plein de candeur et d'une femme en délire se serait peut-être prolongé davantage ; mais déjà la cloche appelait les religieux à l'office. Il fallut se séparer. Hyacinthe rentra au monastère ; madame de Lénoncourt, fascinée par les charmes de l'innocence, reprit le chemin de la cité. Toute la journée, elle pensa au jeune novice. La nuit, elle ne put fermer l'œil. Hyacinthe était toujours là, là, devant elle. Il lui semblait voir l'ombre de la longue paupière de ce bel adolescent se dessiner sur ses joues de rose. Je crois même qu'elle entendait encore vibrer le son de sa voix argentine, de cette voix douce, mais qui n'était déjà plus celle d'un enfant et qui annonçait que le travail mystérieux de la nature avait opéré ces incompréhensibles métamorphoses. Hyacinthe, de son côté, n'était pas moins préoccupé ; son cœur, agité de mouvements tumultueux dont il ignorait la cause, bondissait comme

les flots écumeux d'une mer en courroux.
Chez lui, c'était un malaise général, mais
qui n'était pas sans quelques charmes. De
temps en temps, un profond soupir s'exha-
lait de sa poitrine, ou bien, une larme brûlante s'échappait de sa noire paupière. En
vain il s'interrogeait, en vain il interrogeait
ce cœur battu par la tempête; il ne comprenait pas l'infortune, que dis-je, il ne
pouvait comprendre ce qu'il éprouvait. Son
innocence était là comme un voile impéné-
trable..... et l'amour, l'amour si ingénieux,
l'amour pouvait seul un jour, en un moment, déchirer ce voile.

Cet état anormal du jeune novice n'avait
pu échapper aux regards perçants de l'abbé,
qui toutefois était loin de soupçonner que
madame de Lénoncourt en fût la cause.
Bien que jusque là Hyacinthe eût été traité
avec la dernière sévérité, on redoubla encore de rigueur à son égard. Un travail plus
long lui fut donné; des privations de tout
genre lui furent imposées. Partout ailleurs

on eût appelé cela de dures punitions; au monastère de Saint-Vannes, il n'en était pas ainsi, et quand un novice en était quitte pour si peu de chose, il devait s'estimer fort heureux : aussi se taire et se soumettre était le plus sage. Hyacinthe se tut, se soumit donc; mais intérieurement le combat qu'il soutenait n'en fut que plus violent.

Un jour, l'abbé le fit mander. Un pareil ordre n'annonçait rien de bon, ou tout au moins devait faire augurer quelque chose d'extraordinaire. En paraissant devant l'abbé, Hyacinthe se prosterna..... c'était la règle.

— Relevez-vous, s'écria l'abbé d'un ton sévère, et écoutez bien ce que je vais vous dire.

Depuis quelque temps, vous vous relâchez beaucoup; vous êtes distrait, négligent; vous êtes d'une grande tiédeur dans tout ce que vous faites; vous n'arrivez que bien juste à l'heure où commencent les offices; vous êtes enfin un objet de scandale pour toute la communauté..... Savez-vous bien que, lorsqu'on est serviteur dans la maison du Seigneur, tout cela ce sont des fautes graves, et que ces fautes graves sont moins pardonnables à vous qu'à tout autre, vous que nous avons reçu par charité, vous, un inconnu; vous, un enfant,..... Et vous osez aspirer à l'honneur insigne d'être religieux?.. de porter notre habit vénérable ?.... Allez, vous n'en êtes pas digne..... Allez plutôt vous purifier dans la cendre,.... Si nous n'écoutions..... Mais non, nous voulons bien user d'indulgence encore aujourd'hui à votre égard; et quoique votre conduite coupable doive vous faire regarder comme un ennemi de céans, nous consentons à ce que vous restiez parmi nous; nous prierons pour vous..... pour vous, pauvre pécheur, pour vous, notre opprobre..... heureux si nos prières obtiennent du Seigneur votre conversion! Toutefois, si nous voulons bien aujourd'hui vous exempter du châtiment que vous avez encouru, pour votre punition, vous serez témoin de celui infligé à l'un de nos frères..... Tous les trois jours, vous irez lui porter notre pain et notre eau.,.... C'est un secret terrible qui vous est confié..... Le divulguer serait vouloir partager le sort de ce malheureux..... Allez, allez réfléchir dans votre cellule.

A ces terribles paroles, il resta tout juste assez de force à Hyacinthe pour obéir. Il regagna donc en silence sa cellule ; mais il n'y fut pas plus tôt arrivé qu'il fondit en larmes,.... Ces larmes étaient peut-être une nouvelle faute ; aussi eut-il encore assez d'empire sur lui-même pour se contraindre, pour se condamner à une douleur muette..... Puis tout-à-coup l'image de ce religieux dont il allait sinon partager le sort, du moins contempler la misère, s'offrit à son esprit..... Quel terrible spectacle!..... et ce secret non moins terrible, quelle chaîne pesante!.... Puis soudain le souvenir de madame de Lénoncourt venait, comme une parole de consolation, descendre dans son cœur. Au moins, se disait-il alors en lui-même, je n'ai pas perdu l'espoir de revoir encore cette dame, de lui parler. Ah! que ne puis-je aussi lui confier ce fatal secret! elle est si bonne qu'elle demanderait la grâce du coupable, et peut-être l'obtiendrait-elle. Notre seigneur abbé pourrait-il résister aux prières de madame de Lénoncourt?

Telles étaient les tristes pensées du pauvre Hyacinthe confiné dans sa cellule solitaire; car, ce soir-là, pour se conformer autant que possible à la lettre et à l'esprit de la dure réprimande de l'abbé, il n'était point descendu dans les jardins pour y partager les jeux des jeunes novices; mais, au lieu de cela, il avait ouvert un de ces beaux Missels qu'il était chargé d'enrichir d'enluminures, de rehausser en lettres d'or. Toutes ces belles têtes de Vierges qu'il avait peintes, toutes ces belles têtes de Vierges si calmes, si pures, si saintes qu'il ne pouvait considérer hier encore qu'avec respect, qu'avec vénération ; eh bien! aujourd'hui, il ne pouvait les admirer sans se rappeler les traits de madame de Lénoncourt, sans se ressouvenir de ses grand yeux bleus, de son sourire enchanteur. Dans cette préoccupation, qu'il ne pouvait maîtriser, il prit alors ses pinceaux et se mit à travailler. C'était une Adoration des Mages. Le croirait-on ? la Vierge ressemblait, à s'y méprendre, à madame de Lénoncourt (1), et le roi noir à monsieur l'abbé..... et cependant c'était sans s'en douter qu'Hyacinthe avait si bien réussi. Ce soir-là, il travailla bien avant dans la nuit, et ne se coucha que lorsque sa lampe ne rendait plus qu'une faible lueur. Mais, ô prodige! la Vierge aux yeux bleus, au sourire enchan-

(1) On sait que toutes ces belles têtes de vierges de Raphaël sont des portraits fort ressemblants de sa maîtresse, ou, si vous voulez, de ses maîtresses. Peut-on douter que l'artiste grec qui trouva dans le marbre de Paros la céleste Vénus, dite de Médicis, n'ait eu sous les yeux un pareil chef-d'œuvre ? Il en est de même en littérature ; pour bien parler de l'amour, il faut l'avoir connu.

teur, le roi noir aux regards rébarbatifs furent toute la nuit devant les yeux du jeune novice, et le lendemain , la première chose qu'il vit fut la Vierge qui semblait lui sourire, et le roi noir qui lui faisait une laide grimace.

Mais, hélas! tous ces miracles de la patience et de l'industrie des cloîtres allaient disparaître pour toujours.. C'en était fait de ces beaux manuscrits sur vélin, de ces belles miniatures où toute la vie claustrale était pour ainsi dire passée en revue , depuis les pratiques les plus saintes jusqu'aux plus minutieuses observances de dévotion, où toute la milice céleste, où tous les noirs habitants du ténébreux séjour apparaissaient chacun dans son costume et sa livrée. C'en était fait de ces belles majuscules rehaussées d'or, de pourpre, d'azur, de cette belle écriture onciale, de ces majestueux Pontificaux, de ces Heures précieuses à fermoir d'or, d'argent, dont les couvertures non moins précieuses offraient les

blasons et les devises de toutes les grandes
familles du royaume ; car alors il n'était
point de noble dame qui n'eût son livre
d'Heures armorié, point de noble châtelain
qui n'eût son Missel offrant aussi son arbre
généalogique (1). Car alors encore on n'ou-
bliait jamais de prier pour ses aïeux ; et
afin de n'oublier personne, il fallait bien
que de hauts et puissants barons , qui
comptaient seize et trente-deux quartiers ,
en eussent le catalogue devant leurs yeux.
Et puis beaucoup de ces aïeux avaient fait
le voyage d'outre-mer, le voyage de la Terre-
Sainte ; on était donc bien inspiré de prier
le Seigneur pour ceux qui, au prix de leur
sang, avaient conquis le tombeau du Christ...
Eh bien ! pourtant tous ces chefs-d'œuvre
calligraphiques allaient disparaître, s'éclip-
ser, s'ensevelir pour toujours dans la pous-

(1). Presque tous les livres d'Heures manuscrits que nous
avons vus, et nous en avons vu quelques uns, offrent,
soit au commencement, soit à la fin , des généalogies
d'anciennes familles.

sière des bibliothèques. Que dis-je? le secret pour enfanter ces merveilles allait se perdre avec celui de ces beaux vitraux (1) de nos vieilles basiliques..... Une découverte récente, une découverte à laquelle il est peut-être reservé de changer la face de notre Europe ou plutôt du monde entier (on pourrait du moins le présumer, en voyant la force prodigieuse dont elle est douée), une découverte récente venait de voir le jour et laissait bien loin derrière elle tous ces miracles calligraphiques des cloîtres. Salut, Mayence, Strasbourg! vos cités seront à jamais immortelles. N'avez-vous pas été témoins de l'œuvre des Guttemberg, des

(1) Il est à peu près certain que les procédés calligraphiques maintenant en usage diffèrent, sous bien des rapports, de ceux en usage chez les moines au moyen âge. On en peut dire autant de la peinture sur verre. Malgré les beaux morceaux qui viennent de paraître en ce genre, on peut cependant douter que les procédés modernes soient en tout point semblables à ceux des xiiie, xive et xve siècles. Le temps seul dira où est la supériorité, c'est-à-dire si nos encres et nos couleurs ont la durée et l'éclat de leurs devancières.

Faust, des Scheffer? Honneur à vous, génies immortels des Guttemberg, des Faust et des Scheffer! Oui, jamais l'homme n'enfanta rien de si extraordinaire, jamais rien de si étonnant ne sortit de ses mains. L'imprimerie puisqu'il faut l'appeler par son nom, l'imprimerie venait d'être découverte. Un psautier, des bibles que rien, dans la typographie, n'a pu surpasser depuis, font encore et feront éternellement l'admiration de tous les siècles. Par cette invention sublime, la puissance du génie de l'homme fut centuplée; et les rayons de son intelligence viendront encore, après des milliers d'années, éclairer les générations futures. Ainsi jadis aux bords du Tibre si de chastes vestales immortalisaient le feu sacré, l'art admirable de Guttemberg doit de même immortaliser la pensée.

Mais n'est-il pas à craindre que l'excès du bien n'amène le mal? N'est-il pas à craindre que cette puissance toujours croissante de la presse ne finisse par devenir le plus grand des fléaux pour l'homme, cette frêle créature? qu'un jour, et ce jour n'est peut-être pas éloigné, il ne soit dévoré par son enfant? N'est-il pas à craindre... Mais redoutons de vouloir lire dans l'avenir, ou plutôt faisons des vœux pour que nos descendants n'aient pas à déplorer le génie inventif de leurs pères, n'aient pas à maudire cette mémorable, que dis-je? cette fatale découverte qui a permis que la pensée de l'homme le plus obscur, mille et mille fois reproduite sur une légère feuille de papier, fasse chanceler sur leurs trônes les plus puissants potentats, réduise en poudre les sceptres les plus forts, et répande au sein des empires les plus florissants les germes déplorables de tempêtes qui ne s'apaiseront que faute d'aliments, et après un bouleversement entier et général?

Deposuit potentes de sede.

Troisième Journée.

La trahison est une pourriture du cœur.

(Pensées philosophiques de l'auteur.)

Cependant Guillaume de Haraucourt, beaucoup plus versé dans les mystères de la politique et les intrigues secrètes des cours, que dans la science du droit canon, s'était fait remarquer du roi de France Louis XI. Cette haute estime du prince pour le prélat diplomate, remontait à l'époque des négociations qui amenèrent la paix

signée à Conflans, en 1465, et mirent fin à
la guerre dite du *bien public*. En profond
et habile politique, le roi, d'après les conseils du *bon* prélat, avait tout accordé par
ce traité, espérant bien tout ravoir plus
tard, à force d'intrigue et de mauvaise foi.
Ainsi se font tous les traités; tel en est
l'esprit et la lettre. Comme on voit, celui-
ci n'avait pas dérogé et était digne, en tout
point, de ses devanciers, du prince et du
conseiller machiavélique qui l'avaient conçu. Aussi, moins de trois ans après, il fallait en venir aux conférences de Péronne,
pour prévenir la guerre qui allait recom-
mencer avec plus de furie que jamais, par
l'inexécution, de la part de Louis XI, de ce
traité de Conflans, qui était inexécuté et
à peu près inexécutable.

Louis XI, avare par goût, mais prodigue
par politique, avait accordé à Guillaume
une pension de 12,000 livres, *en considération*, disait le brevet, *des grands, louables
et recommandables services que ledit amé*

et féal conseiller Guillaume, évesque de Verdun, avait rendus par cy-devant, tant à l'entour de nous et en nos besongnes et affaires, que autrement..... et espérons que encor plus face en temps advenir.... On assure même que le roi, qui promettait toujours, sans trop s'inquiéter s'il tiendrait, avait, de plus, fait espérer au prélat le chapeau de cardinal. Séduit par des promesses si flatteuses, Guillaume, assez présomptueux de son naturel, avait aussi, de son côté, promis beaucoup plus qu'il ne pouvait tenir. Aussi, lorsqu'on fut obligé d'entrer en conférence à Péronne, l'évêque, malgré toute son astuce diplomatique, ne put empêcher la signature de ce traité, ou plutôt, soit trahison, soit manque de talent, soit tout autre motif, en fut l'un des principaux auteurs. Or, ce traité était fort désavantageux au roi; le cardinal de La Balue, autre intrigant auquel le prince avait eu recours en cette occasion, y avait également pris une très grande part. C'était plus qu'il n'en fal-

lait pour que l'un et l'autre tombassent
dans la disgrâce du monarque français.
Nous avons déjà fait le portrait de l'évêque,
tàchons de tracer celui du cardinal.

De la naissance la plus humble (quelques uns ont écrit qu'il était fils d'un meu-
nier de Verdun), des emplois les plus ab-
jects (il avait d'abord été simple valet de
monseigneur de Beauvau, évêque d'Angers), Jean de La Balue était parvenu aux
premières dignités de l'Église. Il débuta,
dans son aventureuse carrière, par donner
des preuves non équivoques d'une audace
sans exemple, audace d'autant plus perfide
qu'elle se masquait sous les dehors de la
plus lâche, de la plus dégoûtante adulation.
Ainsi on le vit, tout en flattant bassement
son maître, cabaler sourdement contre lui;
on le vit, à force d'intrigues, parvenir à le
faire déclarer incapable des hautes fonctions
de l'épiscopat, et, le croirait-on? aller jusqu'à briguer et obtenir cette éminente dignité. Plus tard, on le vit encore trahir son

bienfaiteur, Charles de Melun, grand-maître de France, le même qui eut la tête
tranchée en 1468. On le vit enfin, couronnant dignement tant d'infamies, trahir le
chef de l'État, le roi de France Louis XI, et
prendre la part la plus active au désastreux traité de Péronne.

Un bonheur si insolent, une fortune si
extraordinaire, fruit de tant de turpitudes,
de tant d'abjections, tenait encore bien
plus à la trempe extraordinaire du caractère de cet homme, qu'aux circonstances
au milieu desquelles il s'était trouvé. En
effet, on pourrait résumer le cardinal de
La Balue en disant qu'il était de ces gens
dont la supériorité est presque indéfinissable..... elle ne tient pas précisément à leurs
actions, car aucune d'elles ne peut positivement l'expliquer, et leur chemin dans
le monde est un mystère. Ainsi, par exemple, est-on avec de tels hommes ?.... un de
leurs regards d'aigle s'est-il abattu sur vous?...

votre réponse vous est impérieusement
dictée d'avance..... vous êtes dominé, ab-
sorbé , percé à jour. Presque sans vous
en apercevoir, presque sans vous en douter, quoi que vous fassiez, vous êtes pris...
il semble qu'une main de fer vous saisit ,
vous empêche de lever la tête ; bon gré mal
gré vous sentez l'autorité, le pouvoir du maître. Si alors on n'est pas disposé à obéir, *à
plier*, ce que l'on a de mieux à faire, c'est d'a-
bandonner le champ de bataille. La résis-
tance est inutile ; il faut se soumettre,
s'abdiquer, ou..... *battre en retraite* encore
un coup..... Le ton de ces êtres fascinateurs
est calme cependant ; leur voix est presque
doucereuse ; leurs traits sont immobiles ;
mais le jeu de leurs lèvres pâles, décolorées,
est plein de dédain, d'ironie, de fiel, de
sarcasme ; une sorte de sourire sardonique
les agite sans cesse convulsivement ; une
sorte de colère muette les comprime. Enfin
on peut dire de ces êtres, véritables Mé-

phistophélès de la société, qu'ils sont comme le Boa fascinateur, contraignant l'oiseau tremblant à venir s'engouffrer dans sa gueule horriblement béante.

Tel était le cardinal de La Balue.

Guillaume et lui s'étaient connus dès l'âge le plus tendre. Ils avaient fait ensemble leurs études. La brillante carrière qu'ils suivaient tous les deux les ayant mis de nouveau en contact, ils renouvelèrent, ils resserrèrent encore cette amitié qui datait de leur enfance. De fréquentes entrevues les réunirent souvent dans l'ombre du mystère, et bientôt aussi, dans l'ombre du mystère, une correspondance active s'établit entre eux.

Cependant le cardinal de La Balue et l'évêque de Verdun, qui, l'un et l'autre par trop d'outre-cuidance, comme nous venons de le voir, et gagnés par le duc de Bourgogne, avaient fait faire au roi de France Louis XI ce traité si désavantageux conclu à Péronne, étaient, pour ce fait, fort déchus à la cour. Le cardinal, plus

encore peut-être que l'évêque; le cardinal,
pour qui l'intrigue était un besoin impé-
rieux; le cardinal, dont la vanité était
cruellement blessée des dédains, des dégoûts dont, par suite de sa disgrâce, il était
sans cesse abreuvé, résolut de s'en venger.
Il fit avertir secrètement l'évêque qu'il avait
à lui communiquer des choses de la plus
haute importance, et qu'à tel jour il serait
à Hatton-Châtel, place forte en Lorraine
où résidait ordinairement ledit seigneur
évêque.

La position de ce château était admirablement bien choisie. Il avait été édifié
par l'évêque Hatton. Depuis lors presque
tous ses successeurs y firent ordinairement
leur séjour, ne se plaisant point dans leur
ville épiscopale, où il fallait qu'ils fussent
sans cesse en procès avec les magistrats.
Du sommet du mont abrupte où était assis
Hatton-Châtel, on découvrait toutes les
plaines de la Woivre. Les flancs de la mon-
tagne, d'un accès fort difficile de presque

tous les côtés, étaient tapissés de riants
vignobles, et tout à l'entour, dans la vallée,
se voyaient une multitude de jolis villages, d'élégantes villas habitées par les premières familles de cette partie de la Lorraine...

Sans être fort remarquable sous le rapport de l'architecture, le château offrait
à l'intérieur cet ensemble de détails qu'on
retrouve dans presque tous les manoirs du
moyen âge. Ainsi on y voyait de vastes
salles bien sombres, bien froides, bien humides, bien retentissantes, soutenues par
des colonnettes, ayant de hautes fenêtres
ogivales ornées de vitraux peints, à travers
lesquels le jour pouvait à peine pénétrer.
Puis des cabinets isolés et silencieux pour
les complots et les secrets d'État..... puis,
tout à côté, de noirs réduits avec des instruments de torture, de mort, des trappes
et..... des oubliettes..... puis de sombres, de
tortueux escaliers allant se perdre au faîte
de l'édifice; puis dans les flancs tapissés de

lierre d'une tour mystérieuse, d'amoureux
boudoirs pour les faiblesses du sexe..... Puis
le donjon avec son nain et les échos de son
cor; puis enfin, une sainte chapelle avec
son vieux Christ, son missel en vélin, sa
madone pour bénir deux époux..... Car
alors, dans ces redoutables asiles de la
féodalité, on laissait toujours une place à la
prière et à l'amour, afin que, si, par aventure, le haut baron ou la dame châtelaine,
ou bien le damoisel, venaient à éprouver
ces peines du cœur, ces secrets dévorants
d'une âme brisée de douleur, ils eussent là,
tout près, un bon ermite et cet auguste
tribunal qui réconcilie toujours la terre
avec le ciel.....

L'entrevue du cardinal et de l'évêque
dans ce noble et antique séjour avait été
ménagée, sous le prétexte apparent d'un
rendez-vous de chasse. Deux ou trois personnes sans importance avaient seulement
accompagné le cardinal. Il fut reçu à bras
ouverts par Guillaume encore tout honteux

du discrédit où il était tombé dans l'esprit
du roi. Tout d'abord M. de La Balue, dont le
cœur sec, dont le cœur ulcéré brûlait de se
venger, se moqua presque de ce qu'il appelait une bonhomie, une faiblesse de la part
de l'évêque, lui donnant à entendre, à la
tournure qu'allaient prendre les affaires,
que leur royal protecteur avait bien plus
sujet de s'inquiéter pour l'avenir, et qu'a-
vant peu ils auraient bien moins besoin
de lui que lui d'eux.

Ces premiers mots, bien qu'ils fussent
encore une énigme pour l'évêque de Verdun, relevèrent pourtant quelque peu son
esprit abattu. Mais ce fut bien autre chose,
lorsque le cardinal, d'un air et d'un ton qui
portent la conviction, lui eut annoncé
qu'il venait lui faire part d'un plan qui aurait infailliblement, pour tous les deux,
les plus heureux résultats.

— Et quel est donc ce plan? fit Guillaume
en souriant.

— Reprendre sur le roi de France tout

l'ascendant que nous avions, fit le cardinal en contrefaisant la voix de l'évêque.

— Cela ne sera pas aisé.

— Beaucoup plus facile que vous ne vous l'imaginez.

— Je le désire, mais je n'en crois rien.

— Ecoutez, vous prononcerez ensuite. Je n'ai pas besoin de vous peindre le caractère du roi. Ainsi que moi, vous avez eu plus d'une fois l'occasion d'apprécier ce prince. Comme moi, vous devez savoir qu'il ne fait état que de ce qui peut lui être utile, qu'il n'a de considération que pour ce qu'il craint. Vous savez également qu'il est ingrat au dernier point, et fort inconstant. Je ne vous dirai rien de ses vengeances.... et ce que nous aurions à redouter, si..... vous me comprenez. Eh bien! ces défauts, ou, si vous voulez, ces qualités cause de notre commune disgrâce, peuvent devenir pour nous, avec un peu de savoir-faire, la source d'un revirement total de fortune.

— Heim! fit Guillaume avec un sourire d'incrédulité, voilà votre plan......

— Oui, s'écria le cardinal d'une voix de tonnerre, faisons-nous craindre, rendons-nous nécessaires, ne demandons rien, on sera trop heureux de nous offrir, que dis-je? de nous donner tout ensuite, et..... le reste ira tout seul.

— Votre plan est d'honneur admirable. Entre nous soit dit cependant, je n'y vois qu'une petite difficulté, c'est..... de le mettre à exécution.

— Bah! ce n'est rien que cela. Ecoutez-moi jusqu'au bout. Vous savez qu'un des projets favoris de Louis XI, celui peut-être qui lui sourit le plus, celui auquel il attache le plus de prix, est de détacher le prince Charles son frère de l'alliance du duc de Bourgogne, d'isoler le premier des secours qu'il pourrait tirer de celui-ci. Pour parvenir à ce but tant désiré, le roi a fait proposer à Charles d'échanger la Champagne et

la Brie contre la Guyenne et La Rochelle (1).
L'échange plaît à ce dernier assez simple
pour y consentir et ne pas s'apercevoir du
piége qu'on lui tend..... Maintenant vous
comprenez sans doute.....

— Je comprends fort bien que le frère
du roi, que Charles est un imbécile ; je
vois encore assez clairement que le roi en
veut faire sa dupe. Mais ce que je ne vois
pas, ce que je ne comprends pas, c'est en
quoi cela peut nous être de quelque ressource pour remonter sur notre bête.

— Il faut donc tout vous dire comme à
un enfant ?

— Mon Dieu, oui , fit alors l'évêque avec
un air niais.

— Il est cependant bien facile de jouer
avec un si beau jeu, ou plutôt quand on
voit le jeu de son adversaire, et.....

— Quand on voit le jeu de son adversaire ?..... Mais c'est tricher cela..... reprit
l'évêque d'un ton ironique.

(1) Historique.

— Allons donc, n'allez-vous pas avoir des scrupules? fit le cardinal, qui commençait à se piquer. Cela vous irait bien à vous, monsieur l'évêque de Verdun, vous qui, sans reproche, connaissez à peine votre troupeau (1). Eh bien! puisque vous êtes si méticuleux, retournez dans votre cité des Claviens; allez, allez y résider, allez édifier vos ouailles, allez, par vos *rares* vertus et vos grands exemples, mériter le titre flatteur d'un digne successeur des Saintin, des Arateur, des...... N'est-ce pas, ce sont là vos saints prédécesseurs?..... Ah! que vous marchez bien sur leurs traces! Qu'il est heureux, ce bon peuple de Verdun, qu'il est heureux de vous avoir pour son évêque! Quelle joie, quelle quiétude pour le troupeau d'avoir un si digne pasteur! et.....

— Assez, assez, monsieur le cardinal.

— Eh! non, on ne saurait trop louer la

____

(1) L'histoire dit positivement que Guillaume de Haraucourt résida peu dans son diocèse, et qu'il laissa le soin du spirituel à des grands-vicaires.

vertu, on ne saurait trop exalter le mérite; elles sont si rares aujourd'hui ces précieuses qualités, même parmi les évêques de Verdun, que......

— Assez, vous dis-je.

— Non, non, on ne saurait trop le dire, trop le publier, vous êtes dans la bonne voie. Oui, je vous admire d'avoir tant de conscience, tant de générosité, quand il s'agit d'un prince tel que Louis XI. Servez-le fidèlement; ce *bon* roi, tôt ou tard il vous récompensera bien.

— Ah! que l'ironie est déplacée!

— L'ironie, dites-vous?..... Je parle très sérieusement.

— Je ne m'en serais pas douté.

— C'est sans doute encore un effet de votre candeur, et.....

— Ah çà! monsieur le cardinal, reprit vivement Guillaume, me prendriez-vous, par hasard, pour un autre évêque d'Angers (1)?..... Vous vous tromperiez grande-

(1) L'évêque de Verdun fait ici allusion à monseigneur de.

ment, savez-vous, si telle était votre pensée.

— Eh bien! n'allez-vous pas vous fâ-
cher?..... Ne voyez-vous pas que c'est une
plaisanterie? que je voulais voir si enfin
vous comprendriez?.....

— Oui, je comprends fort bien qu'ici les
insolents.....

— Allons, brisons là-dessus, et revenons
à notre affaire. Ainsi, vous le sentez donc
maintenant, rien n'est plus facile, dans cette
circonstance, d'interposer entre les deux
frères.....

— Nos bons offices?.....

— Encore?..... D'honneur, je ne vous con-
çois pas aujourd'hui, et.....

— Parlez donc clairement, catégorique-
ment, si vous voulez qu'on vous comprenne.

— Eh! mon Dieu, est-ce qu'il n'y a pas
des choses qui se comprennent de reste
sans les dire? Que voulez-vous? Je crains

Beauvau, évêque d'Angers, dont le cardinal de La Balue
avait eu l'infâme adresse de prendre la place, en le faisant
passer pour fou.

toujours d'alarmer votre pudeur..... votre simplicité..... que sais-je?.....

— Effectivement, fit l'évêque d'un ton d'impatience, et avec un sourire sardonique, je commence à m'apercevoir que vous ne savez trop ce que vous dites, et ce que vous voulez dire.

— Eh! ce n'est pas cela. Mais, voyez-vous, les murailles parlent, comme on dit, et je crains.....

— Allons, je le vois, vous avez aussi vos scrupules, monsieur le cardinal, fit Guillaume en riant aux éclats.

— Encore ne faut-il pas dire tout haut certaines choses.

— A la bonne heure..... mais ici.....

— Vous êtes donc bien sûr que personne ne peut nous entendre, et.....

— Nous entendre? reprit soudain l'évêque avec feu, nous entendre?..... Tenez, monsieur de La Balue, jetez les yeux de ce côté..... là, ici..... bien..... mesurez un peu dans votre esprit la profondeur de ces fossés, et veuillez me dire dans quel état vous supposez qu'y arriverait, en lui faisant prendre ce chemin-ci, cette fenêtre, par exemple, l'imprudent assez téméraire pour oser venir prêter céans une oreille coupable, s'il arrivait, pour son malheur, qu'il fût pris en flagrant délit?....

— Mais je pense qu'il serait corrigé pour toujours, et n'irait de sa vie écouter à votre porte.

— Ni à celle des autres, monsieur le cardinal.

— Vous êtes d'honneur un petit Louis XI dans votre château d'Hatton-Châtel, fit M. de La Balue en souriant doucereusement.

— Ainsi, vous voilà bien rassuré..... Parlez donc sans crainte maintenant, et surtout plus clairement.

— Il n'y a pas moyen de résister à vos arguments. Ainsi donc, pour en venir *clairement* au fait, vous serez sans doute de mon avis, lorsque je vous dirai que j'ai conçu le projet d'entraver, de contrecarrer les desseins de ce *bon roi* Louis XI; que, pour y parvenir, je viens vous proposer de faire savoir secrètement à ce *pauvre prince* Charles que son *bon frère* lui tend un piége, en l'engageant d'accepter la Guienne et La Rochelle, au lieu de la Champagne et de la Brie; parce que, en acceptant une telle offre, il s'éloigne de la Bourgogne qui est pour lui une ressource, un lieu de retraite, de refuge, en cas d'événement; tandis que la Guienne est une province éloignée, où il ne peut espérer aucun secours des princes ses amis (1)..... Qu'en dites-vous ?....

— Pas mal.

— Par Dieu! je le crois bien. Et qui sera bien sot dans tout ceci?.... Notre *bon roi* Louis XI. Force alors lui sera de revenir à nous, de nous demander des conseils, des expédients, des faux-fuyants, des subterfuges, et tout cela..... aux poids de l'or, à beaux deniers comptants. N'allez pas croire alors, en palpant les beaux écus sonnants

(1) Historique.

du sire, que nous soyons tenus à quelque
chose envers lui; non, morbleu, non. Nous
prendrons d'une main, et de l'autre, nous
lui donnerons..... un nouvel échantillon de
notre savoir-faire..... Vous comprenez, je
pense, maintenant.

— A la bonne heure, mais il faut que
cela réussisse.

— Oh! quand je me mêle d'ourdir une
trame.....

—Elle ne réussit pas toujours....; témoin.....

— Eh bien! je réponds de celle-ci.

— A la bonne heure..... Vous répondez
donc aussi des conséquences?..... Car vous
n'ignorez pas que le *très clément* roi de
France Louis XI ne plaisante pas et que.....

— Est-ce que des gens comme nous
ont quelque chose à redouter d'un Tristan (1)?.... Je voudrais bien voir.....

— Pardi! vous me la baillez belle; comme

(1) Nous avons déjà dit que Tristan était, lui seul, le
juge, le témoin et l'exécuteur des sanglantes volontés du
monarque.

si un roi de France avait des comptes à
rendre à quelqu'un.

— Non pas à quelqu'un ni à personne;
mais..... le pape ?....

— Ah! vous avez raison; pour celui-là,
je n'y songeais pas; c'est autre chose.

— Des princes de l'Eglise!.... des évêques!.... Il se mettrait dans un joli cas
vraiment, notre *cher roi* de France, et.....

— Oui, oui, vous avez raison. Nous pouvons travailler sans crainte: brevet d'impu-
nité nous est acquis.....

— Ou gare..... l'excommunication (1)!!!...

— Il faut avouer que vous êtes un habile
homme.

— Eh bien! vous y voyez clair maintenant..... Morbleu! vous avez bien de la
peine à comprendre les choses.

— Mais c'est que, voyez-vous, quand il
s'agit de se mêler des affaires de tous ces

______

(1) L'histoire de France nous offre plus d'un exemple
de l'efficacité qu'avaient anciennement les foudres du
Vatican sur l'esprit des rois et des peuples.

princes-là, il faut y regarder de près... bien
prendre ses mesures surtout..... Ils sont si
singuliers!... ils ont l'air de croire, par exemple, que tout doit aller comme ils l'entendent, et.....

— Comme ils l'entendent? répliqua vivement le cardinal, non pardi pas; car, à
dater d'aujourd'hui, je prétends bien donner
de la tablature à *très bon et très clément roi*
Louis XI, et le mener de la bonne sorte.....
L'ingrat! avoir oublié tout ce que j'ai fait
pour lui!

— J'ai bien aussi quelque droit, je pense,
de lui donner cette épithète; car enfin ce
brevet de pension qu'il m'a fait expédier et
dont je n'ai pas encore touché un denier,
prouve de reste qu'il m'avait quelque
obligation dont il ne veut plus se souvenir
aujourd'hui.

— C'est un ingrat, vous dis-je, et, si vous
m'en croyez, nous l'en punirons; mais il
faut agir et sans délai.

— Encore faut-il bien prendre ses mesures, et.....

— J'ai tout prévu.

— C'est différent.

— Tenez, voici le mémoire secret que
j'ai rédigé, et que je me propose de faire
passer au duc de Bourgogne, par l'entre-
mise de ses ambassadeurs qui sont maintenant en Bretagne. J'y insiste surtout pour
que *ledit duc de Bourgogne se conserve en
l'amitié de Charles, frère du roi*..... Puis je
lui donne avis *que le roi* (Louis XI) *dit tous
les jours mille injures contre le duc*..... Mais
lisez vous-même, et dites-moi ce que vous
en pensez.

Tandis que Guillaume parcourt le mémoire que vient de lui remettre le cardinal,
celui-ci se promène à grands pas et d'un air
satisfait, triomphant. De temps en temps il
s'arrête en face de l'évêque, croise les
bras, semble l'interroger des yeux. A cette
pantomime muette, le prélat répond tantôt

par un léger sourire, tantôt par des gestes
approbatifs; puis ayant terminé la lecture
dudit mémoire, il le remet au cardinal en
lui disant à mi-voix:

— C'est bien... mais... cela réussira-t-il?

— C'est immanquable; il faudrait que
le diable s'en mêlât pour faire échouer
un plan aussi bien combiné que celui-là.
Quant à vous, mon cher évêque, votre
rôle n'est pas difficile; vous ferez au prince
Charles, frère du roi, une note dans le sens
de celle-ci et pour la corroborer; puis, sans
désemparer, nous enverrons le tout par un
serviteur dévoué que j'ai amené ici avec moi.

— Le vin est tiré; allons, je le vois bien,
il faut le boire, fit Guillaume en poussant
un soupir.

— Oui, oui, nous le boirons, soyez sans
inquiétude et *le bon roi* Louis XI paiera
l'écot, fit La Balue en frappant sur l'épaule
de l'évêque.

— Pourvu que ce ne soit pas avec nos
revenus.

—Mon Dieu! que vous êtes pusillanime!...
D'honneur, vous me faites pitié.

— Allons, allons, voilà qui est dit ; j'écri-
rai au prince, et je lui remontrerai, dans son
intérêt « de ne pas accepter la Guienne ;
» qu'il s'esloigneroit trop de la Bourgogne,
» ce que désire le roy ; qu'il seroit, en ce
» pays, environné de grandes provinces du
» royaume, sans aucun secours ; que s'il
» vouloit éprouver comme il (lui Guillaume
» d'Haraucourt) disoit vrai, il n'avoit qu'à
» demander que l'on luy adjoustast une
» des provinces voisines de la Guienne ;
» qu'il sçavoit que l'on luy refuseroit, et
» que lorsqu'on avoit donné advis au roy
» (Louis XI) que le roy d'Espagne avoit
» perdu son frère, il (ledit Louis XI) avoit
» dit que cette mesme fortune manquoit
» à sa félicité (1).....»

—Hein!..... qu'en dites-vous?..... est-ce
comme cela?..... fit l'évêque en regardant
le cardinal entre les deux yeux.

(1) Voyez Comines ; *Preuves*.

— A merveille ! je n'aurais pas mieux dit.

— Allons, vous me flattez, et.....

— Non !..... Maintenant il ne s'agit plus
que de lancer le brandon de discorde.....
J'ai là, avec moi, l'homme qu'il faut. C'est
un serviteur intelligent, dévoué, discret
surtout au dernier point, et qui s'acquittera
au mieux de cette mission délicate.

— Allons, je le vois, vous n'avez rien oublié ; l'affaire est en bon train ; quant à nous,
nous n'avons plus qu'à nous reposer, en
attendant l'effet de la mine.

— Mais tout n'est pas fini comme cela.....
je ne vous ai pas encore conté le plus beau.

— Comment, il y a encore.....?

— Eh ! oui, morbleu ! ne faut-il pas ensuite,
comme on dit, mettre le sucre sur les
poires ?.....

— Voilà, par exemple, ce qui s'appelle
penser à tout, fit l'évêque en riant aux
éclats.

— Oh ! oh ! vous n'y êtes pas. Écoutez-
moi bien, reprit le cardinal en s'approchant

du prélat avec un air de mystère, écoutez-
moi bien, et vous allez voir que le rôle qui
nous reste à jouer n'est pas le moins intéressant, le moins essentiel, et le moins
difficile.

Et, en disant ces mots, le cardinal de
La Balue prenant l'évêque de Verdun par
le bras, l'a conduit dans l'endroit le plus
sombre de cette vaste salle.

Puis, après un moment de silence, et
après avoir jeté des regards scrutateurs tout
autour de lui, le cardinal reprend ainsi :

— Le brûlot est lancé, c'est bien, mais
ce n'est pas tout; il faut maintenant, pour
en assurer la réussite, en suivre l'effet..... et,
pour cela, il faut absolument payer de notre personne, entendez-vous!..... Ainsi, vous
et moi, mais chacun de notre côté, et
comme ayant l'air de nous bouder, nous
nous en irons trouver le roi,..... nous dé-
buterons d'abord par le prendre par son
faible..... par le flatter, le cajoler, le féliciter surtout sur son excellente santé;

nous lui dirons comme on parle partout de lui avec respect, avec considération, voire même avec crainte ; nous louerons outre mesure sa clémence, sa bonté, sa générosité..... ; nous lui ferons ensuite mille protestations de dévouement, de fidélité ; nous nous ferons petits surtout, petits, tout petits. Nous lui témoignerons bien humblement nos regrets, notre profond déplaisir de ne plus être dans ses bonnes grâces. Nous lui dirons le plus de mal possible de ses ennemis, de son frère principalement, et du duc de Bourgogne, de tous ceux, en un mot, qu'il n'aime pas. Puis nous lui ferons l'offre de nos bons offices, près de son frère Charles, pour que celui-ci ait à accepter l'échange en question. Ensuite nous protesterons que nous sommes prêts à nous dévouer corps et bien, s'il le faut, pour l'entière réussite de cet échange. Enfin, après lui avoir bien doré de notre mieux la pilule, et lorsque nous soupçonnerons qu'il ressent les premières influences de notre machi-

nation, ce qu'il nous sera facile de démêler
à son air encore plus soucieux que de coutume, nous feindrons de vouloir nous retirer..... C'est alors, n'en doutez pas, que
notre position prendra une importance
telle, que le pauvre sire sera subju-
gué par nous plus que jamais..... En effet,
le malheureux, trompé sans qu'il sache par
qui, déjoué dans ses espérances, frustré
dans ses désirs, pris dans ses propres ruses,
bafoué par son frère, bafoué par le duc de
Bourgogne, qui ne lui laisseront pas ignorer, l'un et l'autre, qu'ils ont pénétré ses
perfides projets; le malheureux, dis-je, se
trouvera trop heureux alors de se jeter dans
nos bras, de se livrer à nous à discrétion,
de nous supplier de lui donner des avis, des
conseils, de nous promettre monts et merveilles en récompense, de l'or surtout!!! de
l'or!!! entendez-vous bien? de l'or!!!..... Ah!
que nous jouirons alors! qu'il sera doux de
nous venger! de torturer l'ingrat et déloyal
monarque! de lui rendre au centuple ses

dédains, ses mépris, ses perfidies, ses trahisons!!!!..... oui, douce vengeance, c'est toi, toi seule qui peux nous aider à supporter avec courage tant de dégoût, de honte, d'humiliation; oui, c'est toi qui peux nous dédommager d'avoir respiré si long-temps, aux genoux d'un prince digne de tout notre mépris, cet air corrompu, cette atmosphère empestée où l'on étouffe au sein des cours (1).

Et, en prononçant ces derniers mots, le cardinal, dans un état d'exaltation impossible à décrire, erre comme un insensé, ou plutôt comme un furieux, au milieu de cette salle retentissante dont les magiques échos

---

(1) Bien des gens trouveront peut-être un peu trop fortes les couleurs de ce dialogue, et blâmeront le langage que nous prêtons aux deux interlocuteurs. L'histoire, à la vérité, est muette sur leurs paroles, mais elle fait mention de leur infâme trahison, dont on ne peut douter. Nous avons donc pu, sans manquer le moins du monde à la vraisemblance, prêter à Jean, cardinal de La Balue, et à Guillaume de Haraucourt, évêque de Verdun, le langage en question. Au surplus, *honny soit qui mal y pense.* La vérité, voilà notre devise. D'ailleurs, si l'on doit des égards aux vivants, aux morts on ne doit que la vérité.

répètent jusqu'au silence même. Dans ses mouvements tumultueux et désordonnés, le prince de l'Église, qui alors ressemble plutôt au prince des ténèbres, en cette nuit exécrée où sa rage le poussa à une impuissante révolte contre son Créateur, le prince de l'Église, dis-je, se drapant dans sa longue robe, fait voler des nuages de cette poussière séculaire qui couvrait les vieux meubles et les panneaux. Sa voix de tonnerre, presque éteinte par la fatigue, ne retentit plus sous les voûtes sonores; mais des gestes sataniques qui le font ressembler à une Pythonisse évoquant les ombres, se dessinent dans l'espace comme de sinistres signaux. En vain l'évêque le poursuit sans pouvoir l'atteindre. En vain l'évêque l'interpelle sans pouvoir s'en faire entendre ; et peut-être cette scène digne du pinceau d'un Holbein se serait-elle prolongée encore long-temps, si fort heureusement un vaste fauteuil n'eût reçu dans ses flancs le cardinal en nage et exténué de fatigue.

— Ma foi! il était temps, mon cher cardinal, fit alors Guillaume en poussant un grand éclat de rire, car, d'honneur, du train que vous y alliez, il ne vous serait jamais resté assez de force pour rendre visite au roi de France.

—Oh! que si, repartit avec feu le cardinal; dans tous les cas, je me ferais plutôt porter à bras, s'il le fallait absolument. Mais trêve de plaisanterie. Ce soir même l'homme affidé, dont je vous ai parlé, partira avec nos dépêches, et nous pas plus tard que demain.

— Comme vous y allez!

— Mon ami, il faut battre le fer quand il est chaud.

— C'est bien dit. A demain.

— A demain.

Et, sur le soir, un homme déguisé, revêtu du costume des gens de la campagne, portant des lettres en chiffres du cardinal et de l'évêque, sortait furtivement du château de Hatton-Chastel et se dirigeait vers la Bretagne.

Et le lendemain, de grand matin, Jean, cardinal de La Balue, et Guillaume de Haraucourt, évêque de Verdun, prenaient, chacun de leur côté, le chemin du château de Plessis-les-Tours.

Quatrième Journée.

Un salon est une arène, ou plutôt un véritable
Pandemonium.

(*Pensées philosophiques de l'auteur.*)

La médisance, et puis la calomnie infâme,
En résumé, voilà tout l'esprit d'une femme.

(*Nouveau Mérite des Femmes,* poëme inédit
de l'auteur du roman.)

Or, vous saurez que ce jour-là, premier
janvier, il y avait chez M. de Lénoncourt,
gouverneur de la cité, grande, nombreuse
et brillante réunion. Tout ce que Verdun
renfermait de plus relevé dans le clergé (1),

(1) Le clergé ne craignait pas alors de se montrer dans

la noblesse, la magistrature, la haute bourgeoisie, était là. C'est assez dire que les
vastes appartements de l'hôtel somptueux
de M. le gouverneur étaient pleins ; c'était
un brouhaha épouvantable..... un pêle-mêle
à tourner la tête..... un enivrement, une
folie dont on ne se fait pas d'idée..... c'était,
en un mot, un coup d'œil magnifique.....

Dans cette foule joyeuse, moqueuse,
tournoyante, le sexe surtout se faisait remarquer par son babil, sa coquetterie, son
empressement à *s'étaler* à tous les regards.....
Toutefois, parmi ces femmes haletantes de
plaisir, il n'en était peut-être pas une qui
n'eût tant soit peu d'inquiétude... tant soit
peu de souci..... Ce souci, cette inquiétude,
on le devine sans doute, c'était la crainte
de se voir éclipsée par de plus belles, de
plus richement parées..... et surtout l'effroi

le grand monde, et ce n'était pas un mal..... Cet usage a
subsisté jusqu'à la première révolution, en 92. Maintenant
le clergé a totalement disparu de nos salons... . Est-ce un
bien?....

qu'inspirait à certaines femmes la *chronique scandaleuse*..... Vous savez ce que c'est que la chronique scandaleuse dans une ville où tout le monde se connaît!!!... Aussi, en considérant attentivement ces visages féminins, si doux *en apparence*, on était étonné de voir sous ces peaux d'agneaux, de véritables mégères, ou plutôt des loups furieux prêts à se dévorer..... au moins des yeux. Chaque femme qui entrait dans les salons était sûre d'être passée en revue, sans pitié, sans miséricorde, par toutes les autres... Une mise ridicule, la mauvaise grâce, voire même la laideur, n'étaient que peccadilles parmi ces langues de vipère..... Ce qui faisait l'objet principal des chuchoteries..... oh! c'était bien autre chose... c'était... vous me comprenez de reste... et pour vous en donner une idée, sans vous le dire toutefois, car vraiment je ne l'oserais, je tiens pour sûr et certain qu'un mari assez imprudent, assez malappris pour ouïr seulement la centième partie de ce qui se disait sur..... sa

femme, par exemple..... de retour chez lui,
n'aurait pu se dispenser, fût-il le plus débonnaire, le plus crédule des maris, d'étrangler, oui, d'étrangler sa pudique et
chaste moitié..... Mais rassurez-vous, je
vous prie, cela n'arrivait jamais, parce
qu'alors, comme aujourd'hui, tous les
maris étaient sourds, aveugles, et..... le
reste va sans dire.....

Madame d'Azanes venait d'arriver.....
madame d'Azanes était la très honorée
épouse de M. le maître-échevin..... Cette
femme avait tous les travers physiques et
moraux..... Rousse, laide, petite, un peu
bossue, sotte, jouant le bel esprit, bavarde surtout, bavarde, et criant à vous
percer le tympan des oreilles, c'était vraiment une calamité de l'avoir pour voisine
dans un salon. Quand ce malheur vous
arrivait, le plus court alors, le plus sage
était de se boucher les oreilles..... d'aucuns
ajoutent aussi qu'il était de la prudence de
se boucher le nez..... car il faut vous dire

qu'alors on était généralement très arriéré
pour tous ces petits soins cosmétiques si
vulgaires aujourd'hui parmi les femmes.....
Bref, madame Cunégonde d'Azanes était
une voisine fort déplaisante, fort dés-
agréable, fort peu ragoûtante. Et le pis de
tout cela peut-être est qu'elle ne marchait
jamais qu'escortée par un grand dadais de
fils et une fille non moins ridicule. Toutefois, comme madame d'Azanes était l'épouse
de M. le maître-échevin, autre original s'il
en fut jamais, pour le dire en passant, elle
fut conduit, een grande cérémonie, à la place
d'honneur, par M. de Lénoncourt, qui venait de trouver le moyen de rendre cette
place beaucoup moins belle, beaucoup
moins enviée, depuis qu'elle était occupée
par cette cresselle en jupon. Aussi n'en-
treprendrai-je point de vous raconter tous
les quolibets, toutes les mauvaises plaisanteries, toutes les malices dont la pauvre
femme fut le sujet pendant plus d'un quart
d'heure..... Qu'il vous suffise de savoir qu'elle

fut encore moins épargnée que les autres
femmes..... parce que, outre les petits défauts que je viens de vous signaler, elle avait
encore celui de jouir d'une fortune opu-
lente.....et partant d'exciter, plus qu'aucune
autre, l'envie et la jalousie.

Bientôt parurent mesdames de Saint-
Ignon, du Hautoy, de Housse, de Senocq,
de Watronville (1). La première de ces dames, d'une beauté remarquable, quoiqu'elle
eût au moins la trentaine, ce qu'à la voir,
personne, par parenthèse, n'aurait osé lui
donner; la première de ces dames, dis-je,
était sur le ton aigre-doux avec madame de
Lénoncourt, qui, fort belle aussi, et, à très
peu de chose près, du même âge, ne pouvait lui pardonner cette beauté, et surtout
ce raffinement de coquetterie qui, chez
madame de Saint-Ignon, allait jusqu'à dis-

(1) Il ne faut pas perdre de vue que tous ces noms
étaient réellement ceux des premières familles de la
cité. De toutes ces familles, une seule existe encore
à Verdun : toutes les autres sont éteintes ou disper-
sées.

simuler ses années. Au fait, cette dernière avait bien ses raisons pour cela..... Veuve, elle voulait à toute force convoler en secondes noces. Son premier époux, pauvre vieillard qui mourut à la peine, fort peu de temps après cette union disproportionnée, l'avait laissée, à fort peu de chose près, comme il l'avait prise. Aussi bien des gens auraient été tentés de dire que madame de Saint-Ignon ne savait ce que c'était..... que le mariage, si, par malheur pour elle, c'est le mot, une fille n'était venue faire acte de présence, pour l'honneur du défunt époux. Or, il faut vous dire encore que cette jeune personne, et on ne pouvait lui donner un autre nom, car elle avait bien près de ses quinze ans, était élevée comme un enfant, traitée comme un enfant, mise comme un enfant..... En un mot, madame de Saint-Ignon ne voulait pas, pour toute chose au monde, que sa fille fût autre chose qu'une enfant, tout au plus bonne à jouer avec une poupée..... Aussi, dans ce but,

fort politique sans doute, rien n'était négligé pour *travestir*, c'est le mot, pour travestir en enfant la jolie petite Ida..... Malheureusement, soit coquetterie, soit instinct
de la nature, soit toute autre cause, Ida ne
se prêtait pas toujours aux pieux mensonges
de sa maman..... Une taille peu développée
pouvait, à la vérité, en imposer au premier
abord, mais l'illusion était de courte durée;
car, voyez-vous, cette jolie petite taille
n'était plus..... celle d'un enfant..... Et bien
que la mise ne fût pas en rapport avec
l'âge, et n'annonçât point une personne
formée, à chaque instant, sous le fourreau
de gaze de l'enfant, on voyait se dessiner,
on voyait poindre la grande fille..... Bref,
la nature trahissait à tout moment l'incognito qu'une mère jalouse, coquette,
voulait lui imposer.

Cette supercherie passablement ridicule
de madame de Saint-Ignon n'avait pu
échapper, on le devine bien, à l'œil clair-
voyant du public, et surtout à la langue

envenimée des femmes..... Madame de Lénoncourt surtout s'amusait beaucoup de
cette espèce de mascarade dont on affu-
blait la jeune Ida, et, pour jouer pièce
à madame de Saint-Ignon, qu'elle détes-
tait, elle donnait des années, et partant de
l'importance à la fille de cette dame.
Aussi dès que madame de Lénoncourt
les aperçut, elle s'empressa d'aller au-devant d'elles; et avec cet air que vous connaissez bien, tout en se félicitant du bonheur
de les posséder, tout en louant la grâce, la
beauté d'Ida, elle se récria traîtreusement
sur sa mise enfantine.

— Oh! fit madame de Saint-Ignon d'un
ton doucereux, où se peignait un dépit
visible; que vous êtes bonne, madame, de
vouloir bien vous occuper d'un enfant.....

— Ida un enfant!..... fit madame de Lénoncourt en jouant la surprise.

— Eh! mon Dieu, oui, madame. Encore
aujourd'hui Ida s'est jouée, une bonne partie de la journée, avec sa poupée.

I.   9

— C'est inconcevable!.....

— C'est pourtant comme cela.

— Oh! j'en appelle à toutes ces dames, fit madame de Lénoncourt avec un air d'intelligence; est-il possible de s'amuser d'une poupée, quand on a une si jolie taille?..... Voyez, mesdames, prononcez.....

— Effectivement cela est surprenant, reprirent deux ou trois dames en souriant avec malice.

— Vraiment, je serais bien tentée de croire qu'une poupée n'est plus ce qu'il faut à Ida..... reprit encore madame de Lénoncourt avec finesse; et quand on a quinze ans.....

— Quinze ans!..... s'écria madame de Saint-Ignon en interrompant vivement, comme si on lui eût dit une impertinence; allons donc, madame, vous plaisantez; il s'en faut bien que ma petite ait cet âge.

— Eh bien! convenez, au moins, qu'elle en a toutes les apparences..... Tenez, madame, moi je soupçonne fort; qu'au lieu

de poupées, il conviendrait de donner à
Ida..... un mari..... ..

. — Fi donc, madame, y pensez-vous ? un
mari à un enfant.....

— Tenez, par exemple, ce joli cavalier
que voici, fit avec une effusion de malice
madame de Lénoncourt en désignant
M. de Mercy.

Or vous saurez que ce M. de Mercy,
du reste fort aimable auprès des femmes,
était justement celui que convoitait pour
elle madame de Saint-Ignon..... C'était donc
une atroce malice de vouloir arracher le
galant de vive force à la mère pour le donner à la fille..... c'était un guet-apens, s'il
en fut jamais..... c'était infernal,.... c'était
diabolique..... c'était tout ce que vous voudrez..... Le trait était d'autant plus perfide,
d'autant plus noir, que d'aucuns disaient
que M. de Mercy, sans doute déjà las de la
mère, et ça peut-être pour de bonnes raisons,
se rabattait sur la fille..... Aussi le charitable
conseil de madame de Lénoncourt fit-il

monter le rouge au visage de la pauvre madame de Saint-Ignon..... doublement dé-
concertée de l'apostrophe, et des éclats de
rire étouffés et traîtreusement ironiques de
toutes les dames qui étaient là.

Il se fit alors un silence de quelques instants..... ce silence que vous connaissez
tous bien, ce silence si nécessaire pour savourer tout à son aise, pour savourer, sans
en rien perdre, l'embarras de celui qui
vient d'être mystifié..... ce silence injurieux
qui permet de se repaître de la honte du
malheureux victime d'une perfidie..... ce
silence étudié, qui tient le pauvre patient
sous le poids de tous les regards, et le force
de digérer, passez-moi l'expression, séance
tenante, et à la barbe des Athéniens, les
couleuvres qu'il vient d'avaler.....

Pour mettre le comble à l'embarras, à la
confusion de madame de Saint-Ignon, le
hasard voulut que, dans le même instant,
la jeune Ida, qui, vive, sauteuse, enjouée,
folàtre, voltigeait comme un oiseau au

milieu de toute cette foule moqueuse, fut
aperçue par M. de Mercy....., et accostée par
le galant chevalier.....

Or il faut vous dire encore que, depuis
quelque temps, ce M. de Mercy, en homme
qui sait son monde, tirait parti fort habilement du ridicule de madame de Saint-
Ignon à l'égard d'Ida, et grâce à la mise
enfantine de celle-ci, grâce à cette espèce de liberté qu'il faut bien accorder
à un enfant, hasardait, se permettait, si
vous voulez, d'aimables enfantillages, *sans
conséquence*, où l'amour...../pourquoi ne
pas en convenir?..... où l'amour était bien
pour quelque chose..... Ida, comme toutes
les jeunes personnes, aimait à être lutinée,
et sans trop de façon, ou plutôt avec une
candeur admirable, répondait on ne peut
mieux aux aimables agaceries de M. de
Mercy..... Ce petit manége, comme on le
pense bien, n'échappait pas à la sagacité
du bon public, qui s'amusait fort de la po-

sition équivoque et tant soit peu critique de
madame de Saint-Ignon..... tandis que celle-
ci, pour jouer son rôle jusqu'au bout, était
forcée de fermer les yeux, non toutefois
sans que son pauvre cœur ne reçût de temps
en temps de rudes, de cruelles atteintes.....
Mais, encore une fois, il fallait dissimuler..... ou bien reconnaître le pouvoir des
charmes..... *d'un enfant*..... Madame de
Saint-Ignon dissimulait donc..... car elle
n'avait malheureusement que trop compris la froideur de M. de Mercy à son
égard, dont l'air triste, distrait, préoccupé,
donnait clairement à entendre à cette
femme déçue et jalouse que quelque chose
se passait dans le cœur de celui qu'elle aimait..... et qui la délaissait.....

Généralement, en pareille circonstance,
une femme d'esprit, de tact, sait, avec un
admirable sang-froid, jouer l'indifférence.....
surtout si sa déconvenue n'est pas par trop
ébruitée..... Mais quand le secret prend air

de tout côté..... oh! alors il n'y a plus moyen d'y tenir.... on se trouve mal..... ou l'on éclate.....

C'était là justement la position de madame de Saint-Ignon. Son secret n'en était plus un pour personne..... ou plutôt sa mésaventure était flagrante..... était mise à nu..... et tout ce qui se passait autour d'elle semblait y donner encore plus d'éclat..... Ida, comme une petite folle, venait de se précipiter dans les bras de M. de Mercy, et lui disait mille jolis riens en riant aux éclats....., Tandis que celui-ci répondait à toutes ces agaceries de jeune fille comme on répond quand on est amoureux..... quand le cœur est pris..... que tous les yeux se portent sur vous..... madame de Lénoncourt, à qui cette scène faisait autant de plaisir qu'elle était pénible, qu'elle était cruelle pour la pauvre madame de Saint-Ignon; madame de Lénoncourt, qui n'en pouvait plus d'aise, qui étouffait, qui se mourait de se contraindre, de retenir

une malice, s'écria tout-à-coup : — Voyez
donc, je vous prie, mesdames, si Ida n'est
pas une grande personne..... Oh! bien certainement, dans ce moment, elle ne pense
pas le moins du monde à ses poupées.....
Qu'en dites-vous?....

Puis, se tournant vers madame de Saint-
Ignon, et d'une voix si traîtreusement
doucereuse qu'elle faisait mal : — N'êtes-
vous pas aussi de cet avis, madame?.....

— Mon Dieu, laissons là, je vous prie,
les folies d'un enfant..... elles sont sans
conséquences..... Je ne vois pas quelle importance on pourrait leur donner..... fit
madame de Saint-Ignon, qui commençait
à perdre la tête.

— A la bonne heure, reprit madame de
Lénoncourt, mais croyez-vous, par hasard,
qu'il en soit de même pour tout le monde?...
pour M. de Mercy, par exemple?.....

— Je suppose M. de Mercy bien com-
plaisant de se prêter aux jeux d'un enfant...

— Oh! oui, il s'y prête bien volontiers,

n'en doutez pas, répliqua tout aussitôt madame de Lénoncourt en souriant finement... Cela est facile à voir..... cela se devine de reste......

— Vous avez un merveilleux talent pour deviner, reprit sèchement madame de Saint-Ignon.

— Puisque vous voulez bien m'accorder ce faible talent, je vous avouerai que je devine encore que M. de Mercy s'accommoderait fort bien d'Ida pour sa femme.

— Vous croyez? fit madame de Saint-Ignon qui n'en pouvait plus.

— Tenez, madame, je devine encore que vous vous en apercevez aussi bien et peut-être beaucoup mieux que moi..... Les yeux d'une mère sont si clairvoyants !.... Le cœur d'une mère est si sensible !....

— Vraiment, si cette union pouvait faire le bonheur de ma fille..... Madame de Saint-Ignon n'eut pas le courage d'achever.

— Oh! bien certainement vous n'hésiteriez pas..... nous le savons bien..... Vous

iriez même jusqu'à sacrifier le vôtre.....
n'est-ce pas?.... fit madame de Lénoncourt.

— Vos suppositions sont bien obligean-
tes..... malheureusement elles reposent sur
une chimère..... L'union d'un homme fait
avec un enfant.....

Madame de Saint-Ignon, plus morte que
vive, eut tout juste assez de force pour pro-
noncer ces derniers mots.... Fort heureusement pour elle, on annonça de nouveaux
venus..... Une trève de quelques instants
lui fût accordée..... et il était temps; car
la pauvre dame était vraiment poussée à
bout..... bien plus encore peut-être par les
tendres regards dont M. de Mercy couvrait
Ida, que par les malices, les sarcasmes de
la bonne madame de Lénoncourt.

Messieurs les abbés de Saint-Vannes, de
Saint-Paul, de Saint-Nicolas, de Saint-Airy,
en compagnie de messieurs les grands-vicaires et du doyen du chapitre, venaient
d'entrer dans les salons de M. le gouverneur. A la vue de ces messieurs, le calme

se rétablit quelques instants au milieu de
cette foule joyeuse et railleuse.... mais il
devait être de courte durée..... La médisance et la calomnie n'étaient-elles pas là,
en permanence, au milieu de toutes ces
femmes, pour exciter des tempêtes?.... Satan et ses pompes, Satan et ses vains dis-
cours ne devaient-ils pas nécessairement
prendre le dessus, à la première occasion
qui se présenterait?.....

Elle ne se fit pas attendre long-temps,
cette occasion si désirée de déchirer à belles dents le prochain..... Une dame dont je
ne me rappelle plus le nom, mais que vous
reconnaîtrez peut-être à ce que j'en vais
dire, venait d'arriver dans le grand salon.....
Tout d'abord, les hommes se regardèrent
en souriant, et madame de Lénoncourt fit
une mine assez significative, qui n'échappa
à pas une des dames qui étaient là présentes..... Toutefois, grâce à cette urbanité, à
ce bon ton que vous savez, madame de Lénoncourt l'accueillit le plus gracieusement

possible..... Mais à peine la nouvelle arrivée
s'était-elle assise, qu'il se fit spontanément
une sorte de vide autour d'elle..... et,
comme si elles s'étaient donné le mot, tout-
à-coup mesdames de Mandre, de Chaude-
nay, de Gerbillon, d'Estouf, des Ancherins, de Sailly, d'Ornés, de La Porte, de
Bigonniers (1), quittèrent leurs places, et
allèrent s'asseoir à l'autre bout du salon.....
Cette manœuvre diabolique fut accompa-
gnée de sourires plus diaboliques encore.....
Les chuchotements vinrent ensuite..... puis
les conversations à mi-voix..... puis les regards d'intelligence..... puis les coups d'œil
perfides et outrageux...... puis...... tout ce
qui se pratique en pareille circonstance.....
Bref, toutes les langues allaient à qui mieux
mieux..... et ce n'était pas pour chanter les
louanges de la dame en question..... Bien au
contraire..... c'était, il faut bien le dire, c'é-
tait, sur son compte, la plus épouvantable

(1) Que le lecteur veuille bien se rappeler que tous ces
noms sont historiques pour Verdun.

chronique..... que toutes ces dames se permettaient..... Vous répéter ce qui se disait.....
oh! vraiment je ne l'oserais..... c'était par
trop fort..... Je me contenterai seulement,
pour vous mettre à peu près au fait, de vous
faire le portrait de cette dame, et ensuite de
vous donner à entendre, le plus brièvement,
le plus décemment possible, ce qu'à tort ou
à raison, car je ne préjuge rien, je ne décide
rien, la rumeur publique qui n'est pas in-
dulgente, vous le savez, racontait de la
nouvelle arrivée.

Sans être une beauté remarquable, cette
dame avait une grâce charmante, et ces
dehors enchanteurs qui séduisent tout d'a-
bord les hommes..... premier grief, car jamais les femmes ne pardonnent ce pouvoir secret, cette magie indéfinissable qui
est le partage exclusif de quelques unes
d'entre elles. Chez cette dame encore, de
jolis riens, qui font le charme de la conversation, semblaient couler comme de source,
et pas un homme qui ne préférât cet ai-

mable et spirituel caquetage, à l'esprit pré-
tentieux de bien d'autres..... Ainsi, paraissait-
elle dans un salon, soudain tous les hommes
faisaient cercle autour d'elle.....second grief
peut-être pire que le premier. A ces qualités naturelles, à ces dons si précieux pour
une femme, et surtout pour une jeune
femme, elle joignait un goût parfait dans sa
mise ; elle avait l'art, sans que cela parût,
de donner du prix à la parure la plus
simple , et il était bien difficile , pour
ne pas dire impossible , de pouvoir jamais
critiquer la moindre chose dans sa toilette.....
Enfin , et comment n'aurait-elle pas tiré
vanité de ce précieux avantage ? elle était
encore dans sa première jeunesse, ou, pour
mieux dire, elle était beaucoup plus jeune
que la plupart des dames de la société.

   D'après ce portrait, et il est assez ressemblant , il est déjà facile de deviner
que cette dame ne devait guère être vue
d'un œil bienveillant par les autres femmes,
pour qui elle ne pouvait être qu'une odieuse

rivale; il était donc tout naturel qu'elle
fût traitée avec bien plus de sévérité que
toute autre, si elle avait été assez peu
adroite pour donner prise à la critique.....
Malheureusement, il faut bien en convenir, si, sur cet article scabreux, le public en disait long..... il avait beau jeu;
car, entre nous soit dit, la dame en question avait commis..... plus d'une impru-
dence.....Jouissant d'une liberté sans borne,
grâce à l'absence d'un époux que les devoirs
d'une place appelaient ailleurs, on prétendait qu'elle abusait cruellement de cette liberté.....On racontait, à ce sujet, bien des
choses..... Etait-ce calomnie?..... ou seulement médisance?..... franchement il y avait
un peu de l'un et de l'autre.....Mais, même
en réduisant tous ces on dit à la plus
stricte vérité, c'était encore bien plus qu'il
n'en fallait pour ternir la réputation la
mieux affermie..... Aussi cette dame était-
elle à peu près bannie de la bonne société...
qui se faisait un jeu, un malin plaisir de

l'humilier, lorsqu'elle était assez hardie pour s'y présenter. D'ailleurs, il y avait peu de ces dames à qui elle n'eût joué quelques méchants tours..... à qui elle n'eût volé..... au moins un amant..... Or, vous conviendrez que si le vol est un cas pendable, le vol d'un amant..... oh ! c'est bien autre chose..... Toutes ces dames avaient donc le droit d'être furieuses contre elle..... oui, furieuses, c'est le mot ; et, encore une fois, il y avait bien de quoi ; car, entre nous soit dit, n'a pas toujours un amant qui veut.

Madame de Lénoncourt elle-même avait bien aussi quelques petits griefs contre cette dame..... aussi se chargea-t-elle, dans cette occasion, de faire les honneurs de chez elle, en se vengeant et en vengeant les autres. En moins de rien le complot fut ourdi et mis à exécution. S'approchant d'elle d'un air traîtreusement affable et obligeant, madame de Lénoncourt commença par se féliciter d'avoir le bonheur de la posséder..... puis la complimentant sur sa mise élégante, sur son bon goût, elle eut l'air de lui faire confidence qu'elle venait d'acheter une nouvelle parure sur laquelle elle désirait fort avoir son sentiment..... et, sans attendre la réponse de cette dame, la prenant par la main, madame de Lénoncourt la conduisit dans ses appartements, ou, pour mieux dire, l'entraîna le plus gracieusement du monde hors du salon, au milieu des ricanements et des chuchotements de toutes ces femmes.

La pauvre dame était à peine éconduite que madame de Bauzey, qui n'était pas en reste pour dire son mot, s'écria d'une voix glapissante : — Pardi ! il faut avouer que madame de Lénoncourt a un merveilleux talent pour se débarrasser des fâcheux et des indiscrets.

— Je ne vois pas que ce soit là un talent si merveilleux que de mettre aussi outrageusement les gens dehors, fit d'un air

de mécontentement madame de Mercy,
qui, dans ce moment, voulait bien plus
tomber sur madame de Lénoncourt qu'elle
n'aimait pas, que prendre le parti de la
dame évincée qu'elle connaissait à peine.

— Elle n'a que ce qu'elle mérite, fit
une petite voix flûtée et prétentieuse; c'é-
tait, je crois, celle de madame de Sèvecourt.

— Oui, certainement, reprit madame de
Bauzey; au reste, que venait faire ici cette
femme?..... ignore-t-elle?.....

— Madame, s'écria aussitôt madame de
Mercy en interrompant aigrement cette dernière, cette femme, comme tant d'autres,
ignore ce que l'on dit sur son compte; mais
ce qu'elle n'ignore pas, et je le sais de bonne
part, c'est ce que l'on dit sur celui des
autres..... Quant à moi, je n'aurais pas voulu,
pour tout au monde, lui faire cet affront,
et.....

— Est-ce que par hasard madame de Lénoncourt n'est pas la maîtresse de recevoir

chez elle qui elle veut?..... reprit madame
de Bauzey.

— Certainement, fit madame de Mercy;
mais la prudence commande des ménage-
ments..... surtout.....

— Surtout?... reprit madame de Bauzey
d'un ton malicieusement innocent en appuyant avec affectation sur ce dernier mot.

Madame de Mercy s'aperçut, mais trop
tard, qu'elle en avait peut-être trop dit.....
Aussi, au lieu de répondre, lança-t-elle un
regard foudroyant à madame de Bauzey,
qui jouissait intérieurement d'avoir provoqué, par son caquetage, madame de Mercy
à laisser échapper une gaucherie.

Tandis que ces deux dames s'envoyaient
des œillades qui n'étaient rien moins que
bienveillantes, autour d'elles on se donnait
l'innocent plaisir de rire tout bas, de ce
rire étudié que vous connaissez bien, de ce
rire capable de décontenancer les plus intrépides, de ce rire plus injurieux qu'une in-
jure, de ce rire que provoque toujours,

dans un cercle nombreux, celui qui, pour
sa honte, a eu le malheur de lâcher une sottise ou plutôt une naïveté.... Or il faut bien
le dire, dans ce moment les rieurs n'étaient
pas pour madame de Mercy..... elle le savait
bien..... mais comme elle n'était pas femme
à se tenir pour battue, à se décontenancer
pour un mot de travers, elle prit bravement
son parti. Rompant les chiens, elle adressa
la parole à M. l'abbé de Saint-Vannes, qui
se trouvait par hasard près d'elle, et lui
demanda, en affectant un air d'intérêt, des
nouvelles du monastère, et si tout y allait
bien.....

Un respectueux, un laconique remer-
ciement fut la réponse de M. l'abbé.

—Et les novices, reprit madame de Mercy,
en êtes-vous content?.....

— Ah! madame, pas toujours, fit l'abbé
en soupirant et d'un ton qui dénotait
assez qu'il en savait plus qu'il n'en voulait dire, surtout dans le lieu où il se
trouvait.....

— Il en est quelques uns pourtant qui inspirent bien de l'intérêt.....

— C'est là justement ce qui me contrarie, madame, c'est là ce que je ne voudrais pas.....

— Et pourquoi, s'il vous plaît?.....

— Mon Dieu! la médisance est une si étrange chose!.....

— Ah! monsieur l'abbé, il faudrait être bien méchant..... pour.....

— A la bonne heure, madame,

— Quant à moi, je vous l'assure, je n'y trouve pas le plus petit mot à dire..... et je jurerais, au besoin, que tout, à Saint-Vannes, est un modèle exemplaire de dé-cence, de.....

— Je l'espère bien ainsi, madame, fit l'abbé d'un ton piqué, qui comprenait de reste les malicieuses insinuations, les allu-sions non moins perfides que madame de Mercy se permettait dans ce moment.

Tout-à-coup reparut madame de Lénon-court.

— Ah! madame, nous étions inquiets de

votre longue absence, s'écria madame de
Mercy, en allant au-devant d'elle..... Un
sourire qui n'engage à rien fut la réponse de
madame de Lénoncourt..... Mais, apercevant l'abbé de Saint-Vannes assis derrière
le fauteuil de madame de Mercy, elle se
douta aussitôt de quelque trahison de la
part de cette dernière, qui ne l'aimait
pas, et dont elle avait eu plus d'une fois
sujet de reconnaître, à son égard, l'esprit
médisant et caustique.

Aussi le visage de madame de Lénoncourt
se rembrunit-il tout-à-coup..... Madame de
Mercy s'en aperçut fort bien, mais ce n'é-
tait pas encore assez..... S'approchant, d'un
air de mystère, elle lui dit à demi-voix,
mais cependant assez haut pour être entendue des autres dames:

— Nous parlions de Saint-Vannes avec
M. l'abbé.....

— Et qu'en disiez-vous, madame?

— Mon Dieu! en peut-on dire autre chose
que du bien?

— D'accord.

— Les novices surtout sont admirables.....
ce sont des anges..... Aussi inspirent-ils bien
de l'intérêt à tout le monde.....

— Vous croyez?..... fit, en se pinçant les
lèvres, madame de Lénoncourt, qui se
contenait à peine.

— Je vous le demande, est-il possible de
voir ces jeunes lévites si humbles..... si
beaux..... sans être touché?..... Vous-même,
madame, oh! je suis sûre.....

— Vraiment, madame, je fais sans doute
comme tout le monde, reprit vivement
madame de Lénoncourt, à qui la patience
commençait à échapper.....

Madame de Mercy se tut..... Elle s'applau-
dissait intérieurement..... elle avait donné le
coup de poignard..... non dans l'ombre, cela
n'aurait que peu satisfait sa malice, mais à
la clarté du soleil..... mais en pleine assemblée..... mais devant un nombreux audi-
toire, mais devant des femmes qui avaient
compris de reste les perfides allusions dont

plus tard elles devaient aussi se faire une
arme contre madame de Lénoncourt.

Sous le prétexte de faire les honneurs de
chez elle, celle-ci avait tourné le dos à madame de Mercy, et s'était avancée vers un
groupe qui venait d'arriver. C'étaient mesdames Paixel, Roxin, Longuet, Valtrec,
des Mussons, Roland, Ancelin, Briate, Boi-
lay (1). Elles appartenaient toutes à la haute
bourgeoisie, et étaient alliées aux familles
lignagères. Toutefois, malgré le luxe, malgré la recherche qu'elles affichaient dans
leur mise, grâce à une fortune que leurs
époux avaient honorablement acquise, soit
dit sans plaisanterie, à la sueur de leurs
fronts, malgré le ton de bonne compagnie
qu'elles s'efforçaient de prendre, malgré
ces airs de grandes dames qu'elles se donnaient, et quoi qu'on en dise, qu'il n'est pas
si aisé d'avoir, et mieux que tout cela, malgré la jeunesse, voire même la beauté dont
quelques unes de ces bourgeoises renfor-

(1) Tous ces noms sont historiques pour Verdun.

cées étaient assez bien pourvues, il existait
cependant, à leur grand regret et déplaisir,
entre elles et les dames de la haute noblesse
verdunoise, une sorte de ligne de démarca-
tion bien tranchée, et il faut le dire, in-
franchissable à cette époque. Non toutefois
que ces dernières fissent sentir leur supériorité, cela eût été par trop ridicule et peu
en harmonie avec la bonne éducation
qu'elles avaient reçue; non qu'elles se mis-
sent grandement en frais pour effacer leurs
émules, cela n'était pas nécessaire; non
qu'elles eussent une mise plus élégante, plus
riche, c'était quelquefois tout le contraire;
non qu'elles fussent plus belles, plus jeunes,
il n'en était rien; non, rien de tout cela ne
distinguait, ou plutôt ne donnait la préé-
minence aux nobles dames sur celles de la
haute bourgeoisie.

Quelle était donc la cause, je vous prie,
de cette sorte de supériorité des unes sur
les autres?.... Rien, presque rien, si vous
voulez...... ou plutôt, une chose insaisissa-

ble, un je ne sais quoi que l'on sent, sans pouvoir l'exprimer, un rien, encore une fois, un rien, moins que rien. Eh bien! pourtant, ce rien faisait le désespoir des unes, et assurait le triomphe des autres.

Expliquons-nous plus clairement, et comme le sujet est délicat, assez scabreux à discuter, prenons, pour mieux nous faire comprendre, une de ces dames; et, si faire se peut, analysons-la, si tant est, grâce aux progrès de la chimie moderne, qu'on puisse analyser..... une femme (1).

Madame Paixel, nous prenons cette dame au hasard, madame Paixel était une des plus huppées de cette haute bourgeoisie. Toutefois elle était à cette époque de la vie où les femmes ne disent plus leur âge. Vous

---

(1) Il est bien entendu que, dans tout ce qui va suivre, comme dans tout ce qui a précédé, nous n'avons voulu, ni ne voulons faire allusion à personne, ni blesser qui que ce soit, mais seulement faire un tableau, tableau bien imparfait sans doute, des mœurs de l'époque. Nous protestons donc d'avance contre toute maligne interprétation.

comprenez, un peu plus de la trentaine.....
Mais elle avait été belle à damner un saint;
même à l'heure où je vous parle, elle avait
encore des restes *non équivoques* de beauté,
au point de faire sensation chaque fois
qu'elle paraissait dans un salon. Toutefois,
cette première impression était de courte
durée, surtout chez les femmes qui, bien
involontairement, avaient d'abord admiré
madame Paixel. Et puis, dans le court trajet
que celle-ci avait à faire pour arriver à sa
place, on s'apercevait tout d'abord qu'elle
n'était pas habituée à fouler un tapis moël-
leux, à glisser légèrement sur un parquet.
Ses souliers à la poulaine (1), quoique
l'œuvre des meilleurs, des plus habiles fai-
seurs, semblaient trop étroits pour son
pied, bien que fort mignon, ou plutôt cette
divine chaussure qui eût fait merveille à
toute autre femme du grand monde, avait
sous ses pas une odeur de comptoir à faire

(1) Sorte de chaussure fort à la mode au moyen âge :
la pointe en était fort longue et recourbée.

bondir le cœur. Sa tournure n'était pas
moins gauche, et pourtant sa taille était admirable. Avec la plus belle chevelure qu'il
soit possible de voir, sa coiffure était sou-
verainement ridicule. Sa robe, quoique ir-
réprochable sous le rapport de l'art, lui
sied horriblement, par la manière burlesque, disgracieuse, avec laquelle elle s'en paraît. Enfin, on pouvait en un seul mot ca-
ractériser, ou plutôt, stigmatiser la mise de
cette dame, en disant qu'elle était affublée.
A peine était-elle assise, à peine avait-elle
pris part à la conversation, qu'on s'apercevait également tout d'abord, malgré une
dose assez raisonnable d'esprit naturel,
qu'elle était complétement étrangère aux
usages du grand monde, dont elle n'avait
pas la moindre idée, au ton de la bonne
compagnie qu'elle voyait rarement et dans
des circonstances exceptionnelles. Enfin,
ce qui achevait de la rendre tout-à-fait ridicule, tout-à-fait insupportable aux autres
femmes, c'est qu'étant encore assez belle,

ainsi que nous venons de le dire, et le sachant fort bien, les hommes le lui avaient sans doute dit souvent, elle s'imaginait bonnement que les autres femmes lui devaient des égards..... des prévenances..... voire même du respect..... Pauvre sotte!.... C'était cela justement qui aurait été déjà plus que suffisant pour attirer la foudre sur sa tête, si, par sa tournure équivoque, ses grands airs plus équivoques encore, qu'elle prenait à tort et à travers, envers et contre tous, elle n'eût provoqué la malice et les lazzis des autres femmes.

Aussi, pas n'est besoin de dire tous les quolibets dont elle était le sujet, tous les traits dont elle était le point de mire, tous les sarcasmes dont elle était le but, tous les rires effrontés, tous les chuchotements indécents, tous les propos encore plus indécents, dont elle était l'objet de la part des autres femmes. Les hommes seuls s'abstenaient généralement de prendre part à cette guerre peu loyale, se contentant de

sourire de tout ce feu diabolique d'épigrammes, et la bonne madame Paixel de croire
que ce sourire était celui de..... l'amour.

Toutefois, pour être juste, il faut convenir qu'il y avait aussi quelques dames
Paixel parmi les dames de la haute noblesse,
moins la gaucherie cependant, et cet air
précieux, ridicule, que vous connaissez
tous bien. En effet, celles-ci n'étaient pas
toutes taillées, par exemple, sur le patron
de madame de Lénoncourt, modèle de
grâce, de décence, de bon ton, mais encore
une fois, une éducation achevée, compagne
d'une haute naissance, et l'habitude de vivre
dans le grand monde, corrigeaient bien des
choses. Aussi, tous ces ridicules gros comme
des maisons, et qui vous assommaient dans
madame Paixel, n'étaient plus alors chez les
autres que de petits travers assez insigni-
fiants, auxquels on faisait peu d'attention.

Presque toutes les dames de la haute
bourgeoisie que nous venons de nommer
plus haut avaient, à peu de chose près, la

tournure ridicule, équivoque, et surtout
l'air gauche, les manières empruntées de la
pauvre madame Païxel. Aussi leur arrivée
dans les salons de madame de Lénoncourt
fut-elle une espèce de bonne fortune pour
la langue de vipère, l'esprit caustique et
railleur des autres femmes, qui se pâmè-
rent d'aise à la seule idée de pouvoir déco-
cher mille traits malins et envenimés sur
une classe de femmes peu habituées aux
perfidies étudiées du grand monde; perfidies d'autant plus traîtresses qu'elles vous
arrivent, pour ainsi dire, à l'ombre d'un
compliment, d'une parole flatteuse, ou du
moins que prennent pour tels ceux qui ne
sont pas initiés au langage à double sens, au
langage énigmatique des salons. Et puis,
comme toutes ces dames de la haute noblesse
venaient de se faire la guerre entre elles, et
par conséquent à leurs dépens, elles n'é-
taient pas du tout fâchées d'avoir là tout
près, à leur convenance, pour faire diversion, ces nouvelles venues, qu'il était si

facile et à si bon marché, d'après leur peu d'usage du grand monde, de turlupiner, de mystifier, sans courir le risque de la représaille.

Ce fut d'abord comme un cliquetis sans conséquence de compliments échangés et rendus, de propos qui ne disent rien, de questions quasi-obligeantes dont on n'écoute pas même la réponse. Car vous saurez, et vous le savez sans doute, qu'à cette phrase si usée, par laquelle on s'informe de votre santé, il est presque du bon ton de ne faire aucune réponse. Et en effet à quoi bon répondre, je vous prie? on ne vous écouterait pas..... car, j'en suis sûr, on est déjà bien loin et de la question *obligeante* qu'on vous a faite, et de la réponse que vous pourriez y faire. Aussi d'aucuns prétendent que les gens qui savent leur monde se contentent alors de sourire pour toute réponse, tandis que les niais, les candides, les gens mal appris, mal élevés, ne manquent jamais, avec une bonhomie tout-à-

fait ridicule, *de témoigner toute leur recon-
naissance*, ce qui est, voyez-vous, un man-
que-épouvantable de savoir-vivre. Il est
inutile de dire que pas une des nouvelles
venues, *flattées de l'empressement qu'on
semblait leur témoigner*, ne fit défaut au
compliment banal, ne s'apercevant pas
qu'on était déjà à mille lieues, au moins,
de la question à laquelle elles répondaient
avec une si puérile naïveté.

Il est bien d'autres écueils encore contre
lesquels viennent se briser l'inexpérience,
le peu d'usage du grand monde. Ainsi, par
exemple, vous n'avez pas d'idée comme cet
air distrait, comme ce mutisme de bon ton,
comme ce flegme glacial, étudié, jeté à bout
portant au nez de quelqu'un bien simple,
bien naïf, le déconcerte, le paralyse..... Il
n'en faut pas davantage, voyez-vous, pour
lui faire perdre complétement la carte;
surtout si son perfide interlocuteur, sans
avoir l'air d'y toucher, lâche un de ces lieux
communs, un de ces jolis riens qui sont

toujours au bout de la langue de celui qui
sait vivre, et auxquels répond toujours par
une platitude, par une sottise, celui qui est
étranger à ce savoir-vivre. Cette épreuve
scabreuse fut une seconde pierre d'achop-
pement pour nos nouvelles venues, dont la
plupart balbutièrent alors quelques mots
déplacés, incohérents, ridicules, qui pro-
voquèrent ce sourire malin que vous connaissez, et qu'elles prirent bonnement pour
un sourire de bienveillance.

Dès lors la bataille venait de s'engager. Il
faut bien le dire, si le nombre était d'un
côté, la force n'y était pas. C'était, de la
part de celles-ci, lazzis sur lazzis, plus
piquants les uns que les autres; c'était,
de la part de celles-là, lieux communs des
plus communs, du plus mince aloi, et toujours sans que ces dernières s'aperçussent le
moins du monde du terrain qu'elles perdaient, et, par contre, des avantages que
remportaient leurs spirituelles rivales. Car
celles-ci sachant fort bien à qui elles avaient

affaire, et ayant trop de tact pour casser les fenêtres, ne se permettaient leurs agaceries, leurs malices, que sous le voile d'une aimable plaisanterie, voile quelquefois bien transparent, à la vérité, mais pas assez toutefois pour blesser des personnes qui ne comprenaient presque jamais de malignes, de perfides allusions. Car ce qui distingue encore éminemment celui qui a reçu une bonne éducation, c'est qu'il comprend toujours de reste, et ne s'en fâche point, les plaisanteries qui peuvent le toucher, tandis que l'homme mal élevé ne comprend que rarement celles dont il est le sujet, et s'en fâche presque toujours.

Ainsi, grâce à cette mine inépuisable d'esprit, à ce ton finement et spirituellement railleur, apanage naturel des personnes du grand monde, et dont étaient si bien pourvues les dames de la haute noblesse Verdunoise, mesdames Paixel et compagnie ne se doutaient pas le moins du monde de la *liberté grande* que l'on prenait à leur égard, ou plutôt, à voir tous les rires, tous les chuchotements qu'elles excitaient, elles croyaient bonnement avoir les rieurs pour elles. Toutefois cette guerre de saillies, dans laquelle le sarcasme, le trait moqueur venaient, coup sur coup, frapper et rebondir sur le plastron de la sottise, ne pouvait se continuer long-temps sur le même ton. Tôt ou tard la bombe devait éclater; pour cela, il n'était besoin que d'une de ces grosses naïvetés, bien nues, bien palpitantes qui, au lieu de rires malignement étudiés, excitent une gorge chaude sans gêne, et provoquent soudain un haro général. Et puis, comme cela se voit ordinairement chez les sots qui s'imaginent par là en imposer aux gens d'esprit, madame Paixel ne déparlait pas, et ce, pour dire des riens, trop heureux encore quand elle ne laissait pas échapper de trop lourdes sottises.

Or, je dois vous dire encore que cette madame Paixel (car c'était elle qui jouait le principal rôle, et c'est encore elle qui va le

jouer), madame Paixel était veuve et, ajoutait-on, fort désireuse de se remarier, de
sorte que le malin public tirait parti, avec
une merveilleuse adresse, de ce désir qu'on
supposait à la belle de convoler en secondes noces. Aussi Dieu sait tous les quolibets que l'on se permettait, quand on venait à toucher, en sa présence, ce chapitre
délicat de l'hymen. Toutefois, avant d'aller
plus loin, et afin que vous connaissiez parfaitement la dame en question, au moral
comme au physique, je vais tâcher de vous
en esquisser plus en détail le curieux portrait. Peut-être, en l'an de grâce 1838,
trouverez-vous encore quelques copies de
ce tableau.

Madame Paixel était un composé de tous
les travers, de tous les ridicules passés, présents et futurs; une folle, en un mot, une
folle déjà sur le retour, qui croyait tourner
toutes les têtes, s'imaginant bonnement que
le plus petit mot sans conséquence que lui
adressait un homme était une déclaration

d'amour..... Tantôt prude, précieuse ou revêche, tantôt sentimentale, folâtre ou coquette, tour à tour elle agaçait, se piquait, se mutinait comme un enfant. C'était à mourir de rire, ou plutôt à faire pitié; car, vous n'êtes pas sans le savoir, il est des ridicules qui font plutôt hausser les épaules qu'ils ne provoquent le rire. Son idée fixe enfin était qu'on s'occupait d'elle. Et il faut bien le dire, elle y avait réussi jusqu'à un certain point; car, dans toute la ville, on citait les sottises qui lui étaient échappées, que bien souvent on lui prêtait, ou tout au moins, que la malignité augmentait de beaucoup. Aussi, lorsqu'elle s'avisait de s'aventurer dans un salon, c'était vraiment curieux de voir les hommes, et surtout les femmes, se donner l'innocent plaisir de provoquer, de faire jaser cette *machine parlante* que ces dernières plus caustiques appelaient une vieille machine détraquée. Quelques unes de ces femmes, plus méchantes encore, prétendaient qu'en pre-

nant madame Paixel pour point de mire
de leurs quolibets, c'était une sorte d'ac-
quit de conscience, une dette que les hommes payaient à *ses services passés*..... On
comprend de reste tout ce qu'il y avait
d'injurieux dans une pareille allégation....
Mais que voulez-vous? Ainsi est fait le
monde; une moitié se moque de l'autre.
Pour en revenir, il fallait bien aussi avouer,
et nous en avons déjà touché quelque
chose plus haut, que madame Paixel avait
été fort belle, que peut-être l'était-elle
encore, du moins aux yeux des hommes
qui prennent généralement en considération la fraîcheur et un certain em-
bonpoint qui ne dépare pas toujours
une femme de trente à quarante ans.
Mais, par compensation, il fallait bien
avouer aussi que sa mise ridicule, grotesque, lui ôtait presque tout l'avantage qu'elle
aurait pu retirer de ses charmes un peu
surannés. Toutefois, même avec cette res-
triction, les femmes prétendront que je

la flatte encore, tandis que les hommes plus indulgents protesteront que je lui rends justice. En résumé, madame Paixel n'était connue, dans toute la cité, que sous le nom ironique de *la sensible Aspasie*. Au demeurant, c'était un nom tout comme un autre, mais qui avait l'avantage immense, pour les mauvaises langues, de laisser entendre tout ce que l'on voulait, ou plutôt tout ce que la causticité, tout ce que la malice des femmes peuvent inventer.

Bref, Aspasie, puisqu'il faut l'appeler par son nom, Aspasie, escortée des dames que nous avons nommées plus haut, venait de faire son entrée dans les salons de M. le gouverneur.

Ce fut vraiment un beau moment que celui-là. Soudain, à cette burlesque apparition, un redoublement de malice, une effusion de joie railleuse faillit presque faire tourner la tête à toutes les femmes qui étaient présentes. Au sein de ce Pandémonium féminin, on respirait je ne sais quelle atmosphère brûlante de causticité. C'était une chaleur de saillies à vous étouffer. C'était un tohu-bohu d'enivrement, de caquetage, de mots jetés à l'aventure et sans suite, à vous étourdir. Toutefois, sans être positivement de force à résister à l'orage près de fondre sur elle, madame Paixel, il faut bien en convenir, avait une sorte d'esprit naturel, ou plutôt, soit l'effet du hasard, soit celui de l'inspiration, elle ripostait quelquefois assez bien, et même un peu rudement aux lazzis qui lui étaient adressés. Aussi toutes les femmes, tout en se moquant d'elle, la craignaient.

—C'est Aspasie, je crois, qui nous arrive, fit soudain une petite voix flûtée; c'était celle de madame de Ville, dont les traits animés, dont les yeux pétillants de malice déguisaient assez mal le plaisir qu'elle éprouvait.

—C'est elle-même, répondit un cavalier

dont je ne me rappelle pas le nom; d'honneur, elle est éblouissante!

— Oui, de fard, répliqua madame de
Sally, dont l'air mécontent semblait faire
un reproche au galant interlocuteur.

— Elle fait mal aux yeux, fit un autre.

— Je gage qu'on a cassé plus de vingt
lacets après elle, fit une seconde.

— Comment! moi je sais, de bonne
source, qu'il n'est point de lacets qui puis-
sent y résister; chaque jour elle met en
nage toutes ses femmes, reprit aigrement
une troisième.

— Pardi! c'est bien la peine de venir
s'étaler avec une pareille tournure! fit une
quatrième.

— De grâce, mesdames, ménagez la sensible Aspasie, s'écria le chevalier de Housse.

— Vous voulez rire, sans doute! une
vieille coquette comme elle! répliqua sèchement une dame dont le nom m'échappe.

— Oh! oh! fit le comte de Séraucourt
en riant.

— Que cette femme est ridicule! s'écria de façon à être entendue madame de Gerbillon.

— Que je la hais! fit madame des Ancherins.

— Je ne puis la souffrir! fit un autre.

— Elle me donne des vapeurs.

— Moi, elle me donne des attaques de nerfs.

— Moi, je voudrais, pour la punir, que son blanc, son rouge, ses mouches lui demeurassent comme un masque pour le reste de sa vie.

— Oh! oh! mesdames, comme vous y allez!..... l'affaire sera chaude.... s'écria, en pouffant de rire, le vieux baron d'Ornes.

Vous dire si ce feu roulant d'épigrammes parvenait aux oreilles de la victime, je n'en sais vraiment rien; tout ce que je sais, c'est que madame de Lénoncourt, sans doute pour donner le temps à toutes ces langues de vipère d'aller leur train, s'était avancée vers Aspasie, et, avec une

grâce charmante, lui faisait le plus aimable accueil, lui adressait les compliments
les plus flatteurs; de l'air de la plus franche
cordialité lui témoignait tout le plaisir
qu'elle éprouvait de la voir. Puis, mettant
le comble à toutes ses politesses, elle ajouta :

— Nous vous avons attendue bien long-
temps , madame; c'est mal de se faire
ainsi désirer. J'espère au moins que vous
nous dédommagerez, et.....

— Ah! répondit aussitôt de l'air le plus
gauche Aspasie, sans s'apercevoir qu'elle
interrompait impoliment madame de Lénoncourt; ah! une toilette est si longue!....
ça n'est jamais fini..... et puis j'avais des
lettres à écrire.....

— Voilà qui est fort intéressant! fit iro-
niquement une dame.

— Qu'elle est sotte! fit une autre.

— Il est certaines lettres si délicates.....
vous me comprenez, ajouta encore Aspasie
avec un air de mystère, en se penchant
vers madame de Lénoncourt, qui se pin-

çait les lèvres, je pense, pour ne pas éclater de rire.

— L'insipide créature! s'écria madame
de Sèvecourt de manière à être entendue.

— Vous voyez qu'il m'a fallu bien du
courage pour surmonter tant d'obstacles
fâcheux! fit de nouveau Aspasie.

— Nous vous en avons d'autant plus
d'obligation, madame; nous ferons tout ce
qui dépendra de nous pour vous les faire
oublier, reprit madame de Lénoncourt,
pouvant à peine garder son sérieux devant
une sottise si palpitante.

— Bien sensible! répondit Aspasie, avec
un laisser-aller imperturbable et tout-à-fait
comique, s'il n'eût été de la dernière impertinence.

— Votre absence aurait, d'honneur, fait
manquer tous nos plaisirs.

— Oh! je vous en avertis, j'ai une migraine épouvantable, et il me sera bien
difficile de les partager.

— Ah! madame, quel fâcheux contre

temps! vraiment vous nous ferez faute; mais, cela étant, vous auriez dû faire moins de toilette, vous mettre plus à votre aise, et.....

— Oh! croyez bien, je vous prie, que je suis fort à mon aise, reprit soudain Aspasie avec un geste du plus mauvais ton.

— Peste! s'écria le baron d'Ornes, quelle femme!

— Quel langage! — quelle mise! — quelle tournure! firent en chorus toutes les dames qui étaient là.

Comme c'était aux hommes, à n'en pas douter, que revenait l'honneur des frais de la toilette ébouriffée d'Aspasie, c'était naturellement à eux qu'il convenait de s'en montrer reconnaissants. Aussi se chargèrent-ils spontanément d'en donner des preuves non équivoques. Or, il est bon de vous dire, à propos de cela, que, de longue main, ces messieurs avaient l'habitude de jouer, à qui mieux, le rôle de soupirants près de la sensible Aspasie. C'était une manière comme une autre de passer le temps; et vraiment, vis-à-vis de certaines gens d'une nullité désespérante, on est quelquefois trop heureux d'avoir cette ressource banale pour laquelle il y a, depuis long-temps, des phrases convenues, toutes faites, *stéréotypées*, si nous pouvons ainsi nous exprimer. Aussi, dès qu'Aspasie paraissait dans un salon, c'était à celui de ces messieurs qui se montrerait le plus empressé..... le plus tendre..... le plus passionné..... c'était à celui qui débiterait, du ton le plus grotesquement sentimental, les déclarations d'amour les plus ridicules, quelquefois les plus hasardées..... Mais, entre nous soit dit, cela n'allait jamais trop loin, bien souvent même cela n'était pas encore assez *significatif* pour la belle..... car Aspasie n'aimait pas les *demi-mesures*..... il lui fallait du *positif*....., *tout ou rien*..... on le savait....., on parlait, ou plutôt on *agissait* en conséquence.....

Un de ceux qui jouaient le mieux ce rôle auprès d'Aspasie, était le doyen de la cité,

robin déjà grisonnant, mais vieux roué s'il
eu fut jamais. C'était, de sa part, une manière de soupirer, la plus divertissante qu'il
se puisse voir. Toutefois, il n'était que médio-
crement du goût de la dame, qui préférait de
beaucoup des fruits plus verts, prétendant,
avec une minauderie affectée, que le galant
magistrat lui faisait peur; ce que celui-ci
se refusait absolument de croire, jurant ses
grands dieux qu'il n'en avait pas toujours
été ainsi. Mais Aspasie tenait bon, pleurait,
minaudait, se fâchait même, surtout se
retranchait sur son âge qu'elle dissimulait;
car, il faut vous le dire, si elle mettait du
blanc, du rouge, des mouches, elle s'ôtait,
par compensation, bon nombre d'années,
ce qui ne cadrait plus du tout avec les *souvenirs* du tendre robin, qui n'en prétendait
pas moins que sa flamme amoureuse remontait à plus de quinze ans. On s'en doute
bien: si cette date d'une désespérante exac-
titude déplaisait fort à Aspasie, en revanche,
elle amusait beaucoup toutes ces dames

qui savaient toutes, à un jour près, l'âge de
la belle.

La spirituelle et malicieuse madame de
Lénoncourt voyant que les attaques du
vieux robin se ralentissaient, envoya à son
secours le jeune et beau vicomte de Seraucourt, espiègle, aimable au possible, luti-
nant les femmes avec une grâce charmante,
cavalier accompli, en un mot, surtout fort
du goût d'Aspasie.—Vous paraissez rêveuse,
madame, fit-il en s'approchant d'elle et en
jouant au mieux ce ton de sensibilité res-
pectueuse qui a tant d'empire sur une
femme; qu'avez-vous, vous ordinairement
si vive, si enjouée, si sémillante?

— Mon Dieu ! je suis tout émue.....

— Émue !!!

— Mais oui , n'est-ce pas, on le voit bien
sur ma figure?

— Mais..... pas trop.....

— Je le crois bien; fit en ricanant une
dame; il y a tant de peinture sur ce gros

I.   12

visage joufflu, qu'il faudrait être bien adroit pour y voir quelque chose.

— Je suis d'un abattement épouvantable; j'ai les nerfs agacés au dernier point, continua langoureusement Aspasie, trop occupée de son galant interlocuteur pour avoir entendu ce qui se disait autour d'elle.

— Pauvre petite! fit Seraucourt en singeant à merveille l'air dolent que voulait se donner la belle.

— Oh! oui, je suis bien à plaindre.

— Eh bien, confiez-moi votre chagrin... peut-être serai-je assez heureux pour l'adoucir..... voyons, de quoi s'agit-il? c'est un ami, un tendre ami qui vous supplie de lui ouvrir votre cœur.

Et en prononçant ces derniers mots avec le ton de la sensibilité la mieux étudiée, Seraucourt fit mine, je crois, de s'essuyer les yeux.

Il n'en fallait pas tant pour attendrir la sensible Aspasie; aussi ce fut, chez elle, comme une explosion. — Comment! s'écria-t-elle soudain avec une sorte d'indignation factice, comment! ce vieux robin qui m'obsède sans cesse!..... qui me compromet à tout bout de champ!..... qui me fait manquer, avec son sot verbiage, les partis les plus avantageux!.....

— Oh! c'est mal!

— Oui, c'est affreux! être ainsi sans cesse sur les pas d'une jeune personne..... Qui voulez-vous donc maintenant qui se présente?.....

— C'est, d'honneur, un infernal procédé.

— Mais je lui ai dit son fait.....

— Et vous avez eu raison.

— N'est-ce pas, vous trouvez que j'ai eu raison?..... Afficher ainsi une jeune personne comme moi!.... mais c'est affreux!!!

— Horrible! épouvantable!

— Ah! je respire en vous entendant, reprit Aspasie d'un air mystérieux d'intelligence.

— Je vous prends sous ma protection,

fit à demi-voix Seraucourt en affectant un air de dignité étudiée.

— Et les années aussi, reprit sur le même ton la baronne de Housse.

— Que dites-vous, madame ? s'écria soudain Aspasie en se tournant vivement vers l'indiscrète ; par hasard auriez-vous aussi la prétention de savoir mon âge mieux que moi?..... Il me serait impossible d'être si bien informée sur le vôtre. Je suis trop jeune pour savoir ces sortes de choses-là.....

— Comment donc! vous êtes une enfant..... à peine aujourd'hui si l'on se marie à votre âge, reprit doucereusement Seraucourt.

— Ah! votre galanterie ne m'étonne pas, mais elle m'inquiète, fit Aspasie en jouant le sentiment.

— La vieille folle! s'écria madame des Armoises.

— N'est-on pas trop heureux de rencontrer un objet digne de nos hommages?

ajouta encore l'inépuisable Seraucourt, qui seul, en ce moment, au milieu de l'hilarité générale, avait le talent de garder un sérieux imperturbable.

— Ah! vous allez me faire rougir! répondit Aspasie en jetant un tendre regard sur son interlocuteur.

— C'est impossible, fit une petite voix; c'était, je crois, celle de madame de Mercy.

— Je suis timide comme un enfant.

— Je le vois, vous avez toutes les qualités imaginables.

— De grâce, ménagez ma pudeur!

— Qu'un homme serait heureux de toucher votre cœur!

— Si vous saviez comme une femme est à plaindre, au moment de prendre un parti qui doit décider du sort de sa vie!

— Admirable!!!

Seraucourt ne put achever : un rire fou, inextinguible, s'était emparé de lui et de toutes les personnes qui avaient eu le courage d'écouter jusqu'au bout ce galant ou plutôt ce bouffon, ce burlesque dialogue.

On en était là, lorsqu'un petit monsieur qui n'avait encore rien dit, mais qui était bien connu dans toute la cité pour son esprit vif, caustique, ses heureuses saillies, surtout pour le talent qu'il avait de tout dire en sauvant le fond par la forme, s'avança, à petit bruit, vers Aspasie, et lui adressa à demi-voix quelques mots qui ne furent pas entendus, mais qui vraisemblablement étaient du goût de la belle, car on la vit sourire et minauder. Bientôt on comprit qu'elle recevait, du petit monsieur, des compliments sur l'hommage empressé du jeune et beau vicomte de Seraucourt.

— Vraiment, reprit assez haut Aspasie, et de l'air le plus ridiculement niais qu'il soit possible d'imaginer, vraiment j'étais si troublée que je me suis trouvée toute sotte pour répondre à tant de galanterie..... N'est-ce pas, on le voyait bien ?

— Madame nous a paru comme à son ordinaire.....

— Ce n'est pas un compliment?.....

— Non, d'honneur! fit d'un grand sérieux le petit monsieur.

— Allons, vous me rassurez, je compte sur votre franchise au moins.....

— Eh bien! puisque vous exigez que je vous parle sans détour, je vous avouerai que, lorsque Seraucourt vous adressait de si jolies choses, nous étions tous d'avis que c'était bien plutôt lui qui perdait la tête.

— Ah! oui, c'est vrai; l'amour fait souvent cet effet, reprit sentimentalement Aspasie en poussant un profond soupir.

— Dans tous les cas, le plus fort est fait, vous vous êtes compris?.....

— Peut-être, mais.....

— Eh bien! que signifie ce mais?.....

— Tenez, je vous l'avouerai, l'hymen m'effraie beaucoup, fit Aspasie en se penchant avec un air de mystère vers l'oreille du petit monsieur.

— Allons donc, vous plaisantez.....

— Vous avez beau dire, je ne puis penser *à cela* sans frémir. ...

— *A cela!*..... Eh! que voulez-vous dire? reprit d'un air de bonhomie le malin interlocuteur.

— Mon Dieu! fit Aspasie en baissant les yeux, il est des choses ....

— Bagatelle!!!

Ce mot fut comme le signal d'une explosion de bravos à faire crouler les murs d'une citadelle. Toute autre que la sensible Aspasie en eût été décontenancée, ou au moins se fût trouvée mal, en face d'un pareil quolibet, d'une si terrible tempête de rires, de sarcasmes éhontés. Eh bien! pourtant Aspasie ne fit ni l'un ni l'autre; elle se contenta de jeter un coup d'œil plus que significatif sur la personne du jeune et beau Seraucourt, qui se tenait des deux mains pour ne pas étouffer de rire au nez de cette sotte et insipide créature.

Cependant mille lazzis plus piquants les

uns que les autres volaient de bouche en bouche : c'était un feu de file à faire reculer les plus intrépides; ou plutôt, c'était une espèce de comédie dans laquelle acteurs et spectateurs avaient leurs rôles, et jouaient d'inspiration.

La pauvre madame Paixel toutefois commençait fort bien à s'apercevoir que, si elle était le point de mire de tous les brocards, de tous les sarcasmes, de tous les rires qui se succédaient sans interruption, les rieurs n'étaient pas pour elle; aussi s'avisa-t-elle de prendre la chose tellement au sérieux, au vif, que, le croirait-on? malgré la couche épaisse de fard qui couvrait tous ses traits, on vit, à n'en pas douter, que le rouge lui montait au visage. Avec ce caquetage qui lui suggérait quelquefois d'assez dures riposles, alors elle donna clairement à entendre, ou plutôt beaucoup trop crûment, que l'esprit de jalousie était déchaîné contre elle..... et que les nombreuses conquêtes qu'elle faisait excitaient l'envie.

— Les hommages flatteurs que me ren-
dent les hommes déplaisent sans doute,
ajouta-t-elle, j'en suis bien fâchée..... mais
qu'y puis-je faire?..... la malignité réussira
peut-être à m'enlever un amant; mais jamais le sot bavardage de femmes qui, faute
de jeunesse et d'appas, courent après les
restes des autres, ne pourra me ravir ma
réputation.

— *Ze le crois bien*, fit aussitôt, de sa voix
grêle et grasseyante, un tout petit abbé
qu'on aurait pu croire revenu tout exprès
de chez les Lilliputiens, tant son extérieur
était chétif, mince, fluet.

— L'abbé veut sans doute dire que là où
il n'y a rien le roi perd ses droits, répliqua
aussitôt à demi-voix la bonne madame de
Gerbillon, qui avait de bonnes raisons pour
prendre pour elle la sortie que venait de
faire Aspasie.

— Que dites-vous, madame? s'écria soudain celle-ci en se retournant vivement

vers l'imprudente, et en lui lançant un regard flamboyant.

— Eh! mon Dieu, madame, n'êtes-vous pas d'avis, ainsi que moi, que nous jouons ici la comédie, et vous toute la première?

— Vous croyez, madame? et aux dépens de qui, s'il vous plaît?

— Mais je suppose que chacun a payé son écot, que chacun en a sa part : les uns plus, les autres moins, s'entend; qu'en pensez-vous?

— Je suis parfaitement d'accord avec vous, seulement je soupçonne fort que ceux qui croient bonnement se jouer des autres sont joués tous les premiers.

— Cela se voit quelquefois.

— Dans ce moment mieux que jamais, madame, vous venez de nous en donner la preuve.

— Mon Dieu! madame, vous êtes trop modeste; gardez, je vous prie, cet éloge pour vous; car, en vérité, vous remplissez si bien votre rôle, qu'il n'est personne ici, j'en suis convaincue, qui ne vous rende justice, et ne tombe d'avis que vous nous surpassez toutes.

— Le compliment est, d'honneur, bien tourné, est-il sincère?

— Tenez, madame, pour vous en donner une preuve, je vous dirai qu'il ne manque à l'abbé qu'une quenouille, pour jouer à merveille, près de vous, le rôle d'Hercule aux pieds d'Omphale.

La comparaison mythologique de la bonne madame de Gerbillon péchait en plus d'un point; car il faut vous dire, ce dont sans doute vous vous doutez déjà, que si Aspasie pouvait savoir qu'elle n'était pas une Omphale, elle savait encore bien mieux, et ce, pour de bonnes raisons, que l'abbé n'était pas un Hercule. Aussi le compliment de madame de Gerbillon lui déplut-il, et n'y vit-elle qu'une ironique allusion à un ancien fait passablement scandaleux pour les acteurs, dont, par parenthèse, la

chronique prétendait qu'elle, Aspasie, avait
été un des deux. Se redressant donc de
toute sa hauteur, et sans trop réfléchir à
ce qu'elle allait dire, ou plutôt croyant
lâcher une bonne malice, elle s'écria, d'un
air triomphant, qu'elle défiait bien l'abbé
de remplir le rôle en question.

— Ah! ah! fit soudain madame de Gerbillon, en femme qui sait prendre à point
sa revanche et profiter de la sottise des
autres; ah! ah! il paraît que, sans avoir
l'air d'y toucher, madame Paixel sait son
abbé sur le bout du doigt.

Ce lazzi à brûle-pourpoint était à peine
lancé, que ce fut une explosion de bravos,
un houra général. Le rire, jusqu'alors assez
mal déguisé, gronda soudain comme un
tonnerre dans les salons de M. le gouverneur. Aspasie, qui jusque là avait bravement
fait face à tous les traits décochés contre
elle, Aspasie qui avait sans doute compris
de reste l'amère dérision, la piquante iro-

nie dont elle venait d'être le but, Aspasie,
ou plutôt la pauvre madame Paixel, était
confondue, interdite; à tel point qu'il lui
fut impossible, malgré l'extrême désir
qu'elle en avait, de riposter tant bien que
mal à cette brusque et brutale attaque.
Elle eut beau passer en revue, dans son esprit, tout ce qu'elle savait des faits et gestes
de la bonne madame de Gerbillon, qui cependant avait bien aussi quelques peccadilles à se reprocher; rien ne put entrer en
ligne de compte avec le quolibet en question, qu'il fallut dévorer en silence, et le pis
de tout, devant des femmes qu'Aspasie
haïssait mortellement, et qui le lui ren-
daient bien. Ah! qu'il eût été doux cependant de se venger en ce moment par une
bonne malice ! Mais, encore une fois,
cela fut impossible à la pauvre madame
Paixel.

Quant au petit abbé, non moins com-
promis qu'Aspasie dans toute cette affaire,

il ne semblait nullement décontenancé, et
faisait face à la tempête avec un courage
admirable. Se redressant fièrement sur la
pointe des pieds, on aurait dit qu'il défiait
les plus *hardies*, qu'il acceptait son rôle,
qu'il prétendait bien le jouer *jusqu'au
bout*. Toutefois sa pose académique, dans
ce moment scabreux, ne rendait que plus
palpable, plus évidente encore, l'exiguïté
de sa ridicule et grotesque stature, si mince,
si frêle surtout en la comparant à celle de
la grosse et rebondie madame Païxel, qui,
pour en revenir, ne pouvait se remettre de
l'argument *ad hominem* de madame de
Gerbillon; car, il faut bien en convenir, le
trait avait touché le but..... avait fait une
profonde blessure...... En effet, l'abbé, dont
la prétention avait toujours été de passer
pour *valoir* plus qu'il ne valait, avait eu
la folle témérité, on le savait, d'offrir son
encens diaphane à Aspasie, qui, ajoutait-on,
un beau jour avait poliment éconduit cet

amant *sans conséquence*, non toutefois sans préalablement en avoir pris connaissance.

Cependant il était bien temps que cette lutte de femmes eût un terme. Fort heureusement l'heure donna le signal de la retraite aux combattants. Déjà beaucoup de ces dames s'étaient levées, et l'on voyait madame de Lenoncourt, avec cette grâce charmante que vous lui connaissez, les remercier de l'honneur qu'elles avaient bien voulu lui faire. Madame Paixel ne fut pas oubliée; sans avoir l'air de s'apercevoir de son trouble, de sa confusion, on lui adressa également les compliments les plus flatteurs; on la remercia surtout de *la gaieté*, de *l'enjouement* qu'elle apportait partout où elle se trouvait.

On ne dit pas si Aspasie comprit la fine allusion de ce compliment; toujours est-il qu'elle eut le bon esprit de le recevoir très sérieusement, d'avoir l'air de s'en trouver

très honorée, se promettant bien toutefois,
à la première occasion, de prendre sa revanche, et, si faire se pouvait, de rendre,
comme on dit, *le panier par l'anse* à la
bonne madame de Gerbillon.

Cinquième Journée.

A cause du besoin que tu peux en avoir,
honore médecin.

(*Ecclesiast.* c. 38, v. 1.)

Que la crainte de la mort enfante de
bassesses !

(*Pensées philosophiques de l'auteur.*)

Cependant le roi Louis XI, fort triste,
fort morose de son naturel, éprouvait, depuis quelque temps, un redoublement de
mélancolie, de mauvaise humeur. Rien
n'avançait des négociations entamées au
sujet de la Guyenne qu'il offrait, en échange

de la Champagne et de la Brie, au prince
Charles, son frère. D'un autre côté, le duc
de Bourgogne, que le monarque français craignait, et qu'il haïssait peut-être encore davantage, se montrait plus difficile, plus
arrogant que jamais. A la vérité, Tristan-l'Ermite et Olivier-le-Daim *trouvaient* bien le
moyen de *distraire* de temps en temps *le pauvre* roi, qui se plaisait fort dans la compagnie
de ces deux hommes, dont le premier,
comme on sait, était l'instrument de ses vengeances, ou, si vous voulez, son grand-pré-
vôt, et l'autre son barbier, ou, si vous l'aimez
mieux, son premier ministre (1). Quoi qu'il
en soit, on pouvait dire avec juste raison
qu'alors l'administration du royaume se ré-
sumait en deux individus, à savoir : un
bourreau et un barbier. C'étaient les mi-
gnons, les favoris d'alors.....

Par un affreux raffinement de cruauté,
Louis XI voulait être en même temps et le
juge et le témoin des horribles tortures, des

(1) Historique.

épouvantables supplices qu'il ordonnait (1).
Ce spectacle nauséabond, si peu digne de
la majesté royale, était pour lui un plaisir,
et peut-être encore plus un besoin. Pour
lui, les gémissements, les pleurs, les angoisses des malheureux torturés par Tristan, étaient d'agréables passe-temps. Et, le
croirait-on? le plus souvent le moindre
soupçon suffisait au monarque français
pour faire ainsi couler le sang de ses sujets.
Malheur à qui lui portait ombrage!!!....
l'expéditif Tristan en avait bientôt fait son
affaire..... Se saisir d'un homme et puis
l'exécuter (on le jugeait ensuite), étaient
une seule et même chose (2). Jamais justice
ne fut plus prompte, plus sommaire, plus
expéditive.

Cependant deux visites auxquelles il était
loin de s'attendre venaient de faire diversion aux *graves occupations*, aux sombres
pensées du roi. En effet il n'avait pas été

(1) Historique.
(2) Tous ces détails sont historiques.

peu surpris de voir reparaître à sa *cour*
l'évêque Guillaume de Harancourt et le
cardinal de La Balue, tous deux disgra-
ciés, tous deux fort déchus dans son esprit,
depuis le traité désastreux de Péronne. Fidèle à sa politique astucieuse, Louis XI,
bien qu'il eût alors pour ces deux hommes
un grand éloignement, les avait cependant
reçus sinon avec *bonté*, du moins avec une
sorte de courtoisie..... Et puis, ayant cru
remarquer du froid entre eux, il s'en
réjouit fort, espérant bien, plus tard, faire
son profit de cette espèce de mésintelligence.

Quelques jours après, les ayant entrete-
nus tour à tour en secret, il éprouva de
nouveau une vive satisfaction des protestations de dévouement, de respect, qu'il reçut
de l'un et de l'autre. Sa joie surtout fut
grande d'apprendre de leur bouche à quel
point ils désiraient qu'il réussît dans les
propositions qu'il avait faites à son frère.
Enfin leurs offres de service, pour conduire

à bien cette négociation à laquelle il attachait un si grand prix, lui avaient paru si sincères qu'il leur avait presque rendu ses bonnes grâces ; de sorte qu'on pouvait dire, avec assez de raison, que le roi en était revenu aux meilleurs termes avec le cardinal et l'évêque.

Quoi qu'il en soit, le monarque français qui venait de passer, en tête à tête, quelques instants avec une de ses maîtresses (1), était alors dans son cabinet avec son médecin, maître Jacques Coctier qu'il consultait au moindre dérangement, lorsque tout-à-coup entra sans façon, sans se faire annoncer, un homme mis fort simplement et dont les manières étaient plus que com-

(1) Ce prince farouche, sanguinaire, n'était pas insensible aux douceurs de l'amour..... Il eut plusieurs maîtresses..... L'histoire cite *Phelise Regnard*, dont il eut *Guyette*; *Marguerite de Sassenage*, dont il eut *Jeanne*, mariée à Louis, bâtard de Bourbon; *Marie*, mariée à *Aymar de Poitiers*; *Isabeau*, mariée à *Louis de Saint-Priest*, etc., etc. (Voyez le président Hénault et tous les historiens.)

munes..... Dès qu'il parut, un coup d'œil
d'intelligence put se remarquer entre lui et
le roi, qui ordonna brièvement à Coctier de
sortir. Comme ce dernier, qui haïssait mortellement Olivier-le-Daim (c'était lui qui
venait d'entrer), paraissait piqué de cet
ordre un peu rude et se pressait peu de
déguerpir, LouisXI qui, malgré son phlegme
habituel, avait quelquefois des mouvements de vivacité, se leva brusquement, et,
prenant maître Coctier par le bras, le
poussa assez rudement vers la porte.....
Cela fut l'affaire d'un moment, mais ne se
fit pas si promptement toutefois que ledit
Coctier n'eût le temps de murmurer entre
ses dents quelques mots, à demi-voix, qui
lui valurent de la part du roi un regard
flamboyant..... que le *bon* prince, habile à
déguiser, changea soudain en un sourire
plein de bienveillance en se tournant vers le
barbier qui triomphait intérieurement, on
peut le croire, de l'affront que venait d'essuyer le pauvre Coctier à qui il rendait de

reste toute la haine que celui-ci lui portait.
Cette animosité entre ces deux hommes
était absolument de la même nature que
celle que nous voyons encore de nos jours
entre les médecins et les chirurgiens. En
effet, ces derniers étaient alors représentés
par le barbier Olivier-le-Daim, et les autres
par le médecin maître Jacques Coctier. *Ex
uno disce omnes.*

Quoi qu'il en soit, ledit barbier Olivier-
le-Daim apportait d'étranges nouvelles à
son seigneur et maître le roi de France.
Toutefois, bien qu'elles eussent leur vilain
côté, ces nouvelles, sous un certain point
de vue, pouvaient aussi passer pour bonnes.
Il s'agissait, pour le dire en deux mots, d'un
espion, ou, si vous l'aimez mieux, d'un
agent secret qu'on venait d'arrêter aux
environs de Châteaudun, et porteur de
lettres pour le frère du roi et le duc de
Bourgogne. A la vérité ces lettres étaient en
chiffres..... mais, soit faiblesse, soit crainte,
soit cupidité, soit tout autre motif, l'homme

en question avait révélé une grande partie
des instructions verbales qui lui avaient été
confiées, et même avait livré jusqu'à la clef
de ces missives importantes. Ainsi il avait
avoué, et lesdites lettres confirmaient pleinement ses aveux, que le frère du roi était
grandement détourné d'obtempérer aux
offres d'échange qu'on lui proposait..... que
ledit prince Charles était fortement conseillé de se lier d'amitié, plus que jamais,
avec le duc de Bourgogne..... On lisait
encore dans ces lettres que ce dernier
prince était tous les jours injurié et vilipendé par le roi..... Enfin Louis XI y était
accusé formellement de désirer et même
de machiner..... la mort de son frère (1).....

Force fut à maître Olivier-le-Daim de
raconter cela tout au long à son seigneur
et maître..... Certes! il n'en fallait pas tant
pour allumer le courroux du *très clément
roi* Louis XI..... mais ce fut bien pis quand
il eut appris de la bouche d'Olivier-le-Daim

(1) Tous ces détails sont historiques.

que les moteurs, que les instigateurs de
ces trames infernales étaient..... Guillaume
de Haraucourt, évêque de Verdun, et le cardinal Jean de La Balue.

Bien que le roi dût ne s'étonner de rien
de la part de ces deux hommes, dont la
conduite avait été plus qu'équivoque dans
maintes circonstances, et notamment lors
du désastreux traité de Péronne, cependant, encore sous l'impression de la dernière entrevue qu'il avait eue avec eux, il
ne pouvait se persuader tant de turpitude,
tant de noirceur, tant de trahison..... il
aurait presque voulu en douter..... lui si
soupçonneux! si défiant!..... mais il n'y
avait pas moyen : Olivier-le-Daim tenait
les preuves en main..... il venait de les
mettre sous les yeux du roi qui se possédait
à peine, et dont l'émotion, ou plutôt la
rage était à son comble.

— Les perfides!!! s'écria-t-il, les perfides!!!

Et l'indignation qui le suffoquait presque

ne lui permit pas d'en dire davantage.

Il parcourait en silence, depuis quelques instants et avec une sorte de mouvement convulsif, les traîtreuses lettres en question, lorsque, tout-à-coup, s'avançant vers le barbier, et d'un air où se peignait une colère concentrée, et plus peut-être encore le désir de la vengeance, il s'écria : — Eh bien! on a sans doute arrêté?.....

Le roi n'acheva pas..... son regard significatif en disait assez.

— Sire! répondit tout tremblant Olivier-le-Daim, l'homme aux lettres est arrêté..... et Tristan n'attend plus que vos ordres pour.....

— Pasques-Dieu! tout le monde se joue donc ici de moi! s'écria soudain le monarque français en jetant un regard terrible sur son ministre.

— Sire!!!

— Comment! les misérables qui ont ourdi cette trame.....

Et le roi ne peut en dire davantage, tant

est violente l'indignation qu'il éprouve. Toutefois, de son regard d'aigle, il semble tenir en échec le malheureux barbier ; et lui donner à entendre qu'il répond, corps pour corps, pour les coupables. Puis, après un moment de silence, et à un geste terrible du monarque, qui tire Olivier - le - Daim de l'espèce de stupeur où il est plongé, ce dernier s'écrie d'un ton suppliant :

— Sire!!! on attendait vos ordres, et......

— Mes ordres!!! Pasque-Dieu! se joue-t-on de moi, encore une fois?..... se joue-t-on de moi?......

Et le roi s'arrête derechef en face du barbier, et semble le pulvériser..... Puis, tout-à-coup, d'une voix lente, concentrée, qui faisait mal à entendre, et en secouant fortement le bras de maître Olivier, qui respirait à peine, le prince, dans le paroxysme de la colère, s'écrie :

— Va dire à Tristan que si dans deux heures les misérables ne sont pas en son pouvoir, je le fais pendre, et toi à côté de

lui..... Attends !..... dis-lui qu'il me les faut
en vie tous les deux..... Attends !..... dis-lui
encore qu'il a à ses ordres mes exempts,
mes gardes, tout le monde..... surtout qu'il
ne perde pas de temps..... ou..... entends-tu
bien ?.....

Et la terrible pantomime du roi donne
clairement à *entendre le reste.*

— Sire ! se hâta de répondre le barbier
tout tremblant, j'y cours ; c'est comme s'ils
étaient déjà pris, et.....

— A la bonne heure !!! sinon..... Tu sais.....
Pasque-Dieu ! comme on me sert !..... Eh
bien ! tu es encore là ?.....

Et le barbier, plus mort que vif, de déguerpir bien vite et de se hâter de porter
à qui de droit les ordres de son doux et
bénin maître.

Louis XI, resté seul dans son cabinet,
était en proie à une agitation difficile à
décrire. Mille pensers tumultueux se heur-
taient dans son esprit..... mais aucun son
ne s'échappait de sa poitrine oppressée, et

ne venait effleurer ses lèvres pâles, décolorées. Chez lui c'était une habitude que tout
se concentrât intérieurement. Ainsi la tempête couve au fond des noirs abîmes long-
temps avant de soulever jusqu'aux nues les
flots écumeux du vaste Océan.

L'espèce de malaise qu'éprouvait le roi
le fit tout naturellement penser à son médecin. Ce dernier était comme une sorte de
panacée à laquelle le prince recourait presque continuellement. Aussi maître Jacques Coctier, en homme habile, avait-il su
admirablement tirer parti de ce faible du
monarque. En moins de cinq mois il avait
reçu, disent les mémoires du temps, *cin-
quante-quatre mille écus contans, l'évesché
d'Amiens pour son neveu, et autres offices
et terres pour luy et pour ses amis.* Et cependant, ajoutent les mêmes historiens,
ledit médecin lui (au roi) *estoit si très rude,
que l'on ne diroit point à un valet les outra-
geuses et rudes paroles qu'il luy disoit : et si
le craignoit tant ledit roi, qu'il ne l'eust osé*

envoyer hors d'avec lui (1). Aussi ce ne fut pas sans une sorte de crainte et d'appréhension que le roi, qui ne pouvait avoir oublié la façon tant soit peu brutale avec laquelle il venait d'agir envers maître Coctier, entr'ouvrit la porte de son cabinet et le rappela, en lui criant piteusement qu'il avait grandement besoin de lui, car il se trouvait fort mal.

Pas n'est besoin d'avertir que si le rusé Esculape ne pouvait, physiquement, se refuser d'obtempérer aux ordres, ou plutôt, dans ce moment, aux prières de son seigneur et maître, au moins avait-il bien le droit de lui faire sentir moralement ce que valait un médecin, et surtout un médecin qu'on venait d'offenser. Ainsi fit maître Coctier. Le roi l'entendant venir, s'était jeté dans un grand fauteuil recouvert en cuir noir, et avec une admirable pantomime jouait au naturel l'état d'une personne exténuée, ou plutôt d'un malheu-

(1) Historique (voyez Comines).

reux moribond qui va rendre le dernier soupir. Coctier, sans avoir l'air le moins du
monde de s'apercevoir de ce jeu hypocrite, ou
plutôt parce qu'il s'en apercevait fort bien,
alla se réléguer bien loin dans un des coins
de l'appartement, et là, saisissant un énorme
bouquin, il le parcourait, ou plutôt feignait
de le parcourir avec une sorte d'indifférence..... C'était alors pitié de voir les yeux
langoureux, les tendres regards du pauvre
roi..... C'était à vous fendre le cœur de voir
maître Coctier affectant de ne pas s'en
apercevoir, et, d'un air distrait, suffisant,
et avec toute la morgue d'un pédant de
collége, faire sonner les feuillets de son
poudreux in-folio..... Oh! que les rois sont
quelquefois..... petits! et qu'alors les sujets
sont..... insolents!

Fatigué enfin de tant d'avances inutiles
et en pure perte, le roi, d'un ton dolent,
s'écria:

— Venez donc, Coctier, venez près de

moi!..... Ah! c'est mal à vous de me délaisser ainsi!..... moi..... moi qui.....

— Est-ce Olivier-le-Daim que vous appelez?..... fit Coctier d'un ton dédaigneux, et sans seulement se tourner du côté du roi.

— Eh! non, c'est vous, Coctier; venez donc; voyez un peu dans quel état je suis!

— C'est cet Olivier qui vous a mis dans ce bel état.....

— Mon Dieu! venez donc.....

— C'est un habile homme que cet Olivier.....

— Coctier, je n'en puis plus!

— Au moins faudrait-il que je susse ce que vous a fait ce le Daim.....

— Venez, Coctier, venez, vous saurez tout....

— Vous mériteriez vraiment que je vous laissasse une bonne fois entre les mains de ce vil barbier..... fit Coctier en se levant et en s'approchant enfin du roi.

— Coctier! mon bon Coctier!

— Ah! vous n'iriez pas loin.

— Mais, mon ami, je n'ai confiance qu'en vous..... je n'aime que vous, et.....

— Bah! bah! vous dites cela maintenant, parce que vous avez besoin de moi; mais vous ne le pensez pas. Au reste, *je sais bien qu'un matin vous m'enverrez comme vous faites les autres: mais S. B. vous ne vivrez point huict jours après* (1).

—Ah! Coctier, que vous êtes dur pour moi!..... moi qui vous veux, qui vous fais tant de bien! qui vous traite si bien!.....

— Oui, surtout quand vous me mettez à la porte pour vous faire égorger par cet Olivier-le-Daim. Voyez un peu dans quel état il vous a mis!.....

— Ah! vous me trouvez donc bien malade?.....

— Je ne vous ai jamais vu si mal qu'à cette heure.

— Les misérables! ils m'ont assassiné, s'écria le roi en se laissant aller tout de son long dans son grand fauteuil.

(1) Historique (*Comines,* tome I, p. 426.)

— Vous n'avez plus de pouls..... fit Coctier d'un ton à envoyer un malade dans l'autre monde.

— Comment, je n'ai plus de pouls? s'écria le roi en se mettant sur son séant; les malheureux! ils me feront mourir!.... Ah! Coctier, mon cher Coctier! ayez pitié de moi!

— Voyons, qu'avez-vous fait? ou plutôt que vous a fait ce coquin d'Olivier-le-Daim?

— Coctier, ne perdons pas de temps en paroles inutiles!.... faites, faites, vous, tout ce que vous voudrez pour me sauver la vie; je me mets entre vos mains.

— Je le crois bien, il était temps, par Dieu!

— Je suis exténué!!! Que mangerai-je aujourd'hui?

— Vous ferez diète, pour vous punir, et.....

— Comment, pour me punir? s'écria le roi avec vivacité et en se redressant.

— Oui, pour vous guérir, reprit Coctier en radoucissant le ton.

— Ah! à la bonne heure; mais enfin il faut manger un peu.....

— Eh bien! vous mangerez, à la croque au sel, le petit bout de l'aile d'une caille.

— C'est bien peu, Coctier.

— C'est encore trop.

— Coctier!..... Coctier!..... c'est bien peu!.....

— C'est encore trop, vous dis-je, pour quelqu'un qui a une fièvre de cheval, comme vous en avez une.

— Comment, j'ai la fièvre!..... Ah! mon Dieu!!! Coctier!!! je suis perdu!!!

— Oui, vous avez la fièvre....., dis-je, et bien d'autres choses.....

— Les misérables! comme ils m'ont assassiné!

— Tenez, si vous m'en croyez, et que vous vouliez guérir, vous ferez pendre cet Olivier-le-Daim; car c'est lui qui est la cause que vous avez la fièvre.

— Vous pensez ?.....

— Oui, morbleu! c'est lui qui est la cause de tout votre mal.

— Vous en êtes sûr?.....

— Certainement; et puis, vous gagnerez doublement à cela. Une fois pendu, ce maudit barbier ne vous fera plus de mal; et rien n'est si drôle qu'un barbier accroché à une potence. Oh! cela vous récréera, vous fera un bien infini!

— Si je le croyais !...

— Eh bien! vous doutez de mon pronostic? Vous osez vous révolter contre mes ordonnances?!... Je vous abandonne à votre malheureux sort..... Adieu!!!

— Coctier! Coctier!...

— Non, non, il faut que vous mouriez.

— Coctier! Coctier! je vous ordonne de rester!

— Et moi, je vous ordonne de faire pendre.....

— Coctier, il sera pendu..

— A la bonne heure; et à cette seule

condition, je reste pour vous empêcher de mourir.

— Ah! Coctier, si vous saviez combien j'ai de bon vouloir pour vous!

— Tenez, je vois que vous allez déjà mieux..... fit le rusé Esculape, qui, à ces dernières paroles du roi, crut s'apercevoir que celui-ci était dans ses moments de générosité. Oui, ajouta Coctier en tâtant le pouls du sire, rien que cette bonne idée de pendaison vous a fait faire un verre de bon sang.

— Quel grand médecin vous êtes!!! Coctier, mon cher Coctier, demandez-moi tout ce que vous voudrez.....

— Moi, je ne demande jamais rien..... que votre santé, fit maître Coctier d'un ton d'indifférence.

— Le brave homme!!! demandez toujours.....

— Je suis tout-à-fait désintéressé, et.....

— Le digne homme!!! demandez-moi toujours.

— A propos, et mon dernier enfant, qu'en ferons-nous?

— Coctier, reprit le roi d'un ton doucereux, il me semble que votre femme fait bien des enfants, et.....

— Eh bien! n'allez-vous pas y trouver à redire?..... Je voudrais bien voir.....

— Oh! mon Dieu! non.

— Sachez que madame Coctier est une brave femme, et qu'il n'y a que des.....

— Coctier, mon cher Coctier, nous ferons un abbé de votre fils.

— Tenez, vous êtes presque tout-à-fait remis, fit Coctier qui venait derechef de tâter le pouls du roi à cette belle promesse d'une abbaye.

— Effectivement, je me sens beaucoup mieux, s'écria le roi en se mettant sur son séant; je pourrai donc manger quelque chose de plus?.....

— Eh bien! oui; l'aile tout entière..... d'une caille, s'entend.

— C'est bien peu..... et je boirai.....

— Un doigt d'un vin léger noyé dans trois grands verres d'eau de roche.

— Songez, Coctier, qu'il me faut donner des forces, et...

— Vous n'êtes que trop vigoureux, morbleu ! la bile vous étouffe.

— La bile m'étouffe !!! Mais c'est bien dangereux cela.

— Il n'y a rien d'étonnant ; tous les jours ce maudit Olivier-le-Daim vous la met en mouvement.

— Ah ! le méchant homme ! s'écria le roi d'un ton dolent.

— Vous savez le remède, reprit Coctier à voix basse et en s'approchant du roi.

— Moi qui l'ai fait comte de Melun !..... l'ingrat !

— C'est pour vous récompenser.

— Un barbier !!!

— Envoyez-le au diable.

— Nous nous aviserons, Coctier, soyez tranquille.

Et, en disant ces mots, le roi, qui n'était

guère plus malade qu'à l'ordinaire, mais
qui était rongé d'inquiétudes, de soucis, se
leva, et, s'appuyant sur le capitaine des
gardes de la compagnie écossaise, sortit
pour aller respirer l'air frais du soir sur les
terrasses du château de Plessis-les-Tours.

Sixième Journée.

> Heureux celui pour qui tu pries!
> La prière d'un ange n'est-elle pas
> toujours exaucée?
>
> (*Pensées* de l'auteur du roman.)
>
> Perduto è tutto il tempo
> Che in amar non si spende.
>
> (*Aminta.*)
>
> Quien no ama no vive.
>
> (*Proverb. espagn.*)
>
> Que celui qui est sans péché lui jette
> la première pierre.
>
> (*Saint Jean*, c. VIII, v. 7.)

Déjà l'hirondelle légère, fidèle messagère du printemps, a reparu sous les arcades en ogives du monastère de Saint-

Vannes. Au sein de ses riants bocages, à
l'ombre de ses arbres séculaires dont les
dômes verdoyants s'élancent dans les nues,
ce séjour, assis sur une éminence, aux portes de la cité des Claviens (1), semble comme
plongé dans un doux repos, comme endor-
mi dans une paix éternelle. Des tourelles
de l'abbaye on découvre, au couchant, le
mont Saint-Barthélemy, dont la crête ardue,
inculte, va se perdre au loin dans l'horizon. Vers le septentrion apparaît le mont
Saint-Michel, étalant ses riches vignobles,
l'espoir des Verdunois. Au midi, dans un
lointain immense, la Meuse roule lentement
ses eaux fécondes au milieu de vertes prai-
ries. Enfin, au levant, de sombres forêts
commencent à peu de distance des murs
de la cité, et se prolongent, pendant quelques lieues, jusqu'aux plaines fertiles de la
Woivre.

(1) Il ne faut pas perdre de vue qu'alors la citadelle
n'existait pas, et que Saint-Vannes, par conséquent, était
en dehors des murs de la ville.

Déjà, de son char balancé par les zéphyrs, Flore a versé tous les trésors de son
urne embaumée. O nature! comme alors tu
es radieuse!!! comme alors, dans ta nouvelle et éclatante parure, tu célèbres bien
le retour des beaux jours!!! Et toi, ô
femme! toi le chef-d'œuvre de la création,
viens nous dire ces mystérieuses sensations
qu'alors tu ressens..... viens nous dévoiler,
si toutefois tu le peux sans rougir, les douces émotions que tu éprouves à la vue de
cette nature riante, à la vue de toutes ces
merveilles, à la vue de tous ces enchantements..... Ah! les tendres soupirs qui s'é-
chappent de ton sein haletant, l'ivresse, la
volupté qui te maîtrisent, nous disent assez
que ton cœur n'est pas insensible à ce tableau ravissant.

Mais, hélas! cette magie de la nature,
charme des êtres fortunés, semble au contraire redoubler les peines de celui qui
souffre..... Ah! c'est qu'à l'aspect d'un bonheur que nous ne pouvons partager, nos

larmes n'en sont que plus amères, nos chagrins plus cuisants! Madame de Lénoncourt en faisait la triste expérience. En
proie à une noire mélancolie, les doux entretiens qu'elle avait déjà eus plusieurs fois
avec Hyacinthe, loin de dissiper cette mélancolie fatale, l'avaient peut-être encore
augmentée. Et pourtant cette femme recherchait avidement toutes les occasions
qui se présentaient de voir le jeune novice,
de s'entretenir avec lui, tant l'amour est
inexplicable et incompréhensible dans ses
mystères!

C'était ordinairement sous ces berceaux
de verdure qui entouraient le monastère
de Saint-Vannes que madame de Lénoncourt se plaisait à venir rêver..... C'était là
aussi que venait Hyacinthe..... Quoi qu'il en
soit, un charme irrésistible semblait attirer
Honorine (c'est ainsi que nous désigne-
rons dorénavant madame de Lénoncourt)
vers ces lieux d'un aspect si romantique.
Rarement un jour s'écoulait sans qu'elle

ne vînt s'y livrer à sa triste mélancolie.
Toutefois sa prédilection pour cette promenade solitaire n'avait point échappé à
l'œil des habitants de la cité..... Mais la
position sociale de cette dame était si
élevée, qu'un silence respectueux était
en quelque sorte imposé à tout le monde.
Et puis elle était si belle, qu'on ne pouvait
la contempler sans être saisi d'admiration.....
de respect..... que dis-je? on lui portait généralement un vif intérêt..... parce qu'on
croyait savoir qu'elle n'était pas heureuse
avec son mari, qu'on accusait de jalousie,
d'avarice, d'emportement..... On reprochait
surtout à M. de Lénoncourt d'avoir pris, à
son âge, une femme si jeune..... Le public,
en un mot, mettait tous les torts du côté
de l'époux..... De sorte que, si les démar-
ches d'Honorine avaient été remarquées,
c'était bien moins par malveillance que par
une sorte de curiosité, assez naturelle en
pareil cas. Seulement quelques beaux par-

leurs avaient surnommé Honorine, *la belle de l'allée des Soupirs.*

Et effectivement une des principales allées ombragées par ces beaux arbres qui entouraient le monastère, avait le nom d'*allée des Soupirs* (1). On ignorait la source de ce nom assez significatif..... mais le peuple toujours superstitieux, crédule, avide de merveilleux, y suppléait par des contes. Ainsi, par exemple, on prétendait que les amants des temps passés y *revenaient* pour..... soupirer..... Malheur alors au mortel imprudent qui aurait troublé le doux tête-à-tête de ces êtres mystérieux d'un autre âge!!! Une longue série d'infortunes était le prix d'une telle témérité..... Aussi se gardait-on bien de fréquenter ces lieux solitaires..... les bonnes gens, s'entend, car, pour les vrais amants, oh! ceux-là pouvaient y venir soupirer en toute sécurité!..... Quoi

(1) Cette allée, encore aujourd'hui, est bien connue des amateurs..... de la promenade.

qu'il en soit, l'épouse de M. de Lénoncourt
et le jeune novice de Saint-Vannes se rencontraient fort souvent dans l'allée des Soupirs.

Honorine était une de ces femmes qu'il
suffit d'avoir vues une seule fois, pour n'en
perdre jamais le souvenir..... Son regard fascinateur avait tant de charme, que c'était
presque déjà une faveur pour l'heureux
mortel qui l'obtenait. L'ensemble de sa
personne était admirable, et, chose rare,
sa beauté prise en détail aurait également
défié l'œil le plus exercé..... l'homme le plus
exigeant..... Le son de sa voix avait je ne
sais quoi de tendre et d'incisif qui allait au
cœur. A la vérité, jamais une folle gaieté
n'épanouissait ses traits; mais, en revanche, et toujours, une voluptueuse langueur
les ombrageait d'une sorte de tristesse indéfinissable, qui avait un attrait irrésistible. Ses dents, son teint d'une blancheur
éblouissante, faisaient admirablement ressortir l'ébène de sa longue chevelure. Enfin

sa taille flexible, ses mains d'une exquise perfection, complétaient cet ensemble, qui a bien plus d'empire sur les hommes que celui de ces *beautés accomplies* dont les *rares perfections* ne disent rien à l'âme ni au cœur.

Ainsi que nous l'avons déjà remarqué, il n'était besoin que d'avoir rencontré Honorine une seule fois dans la société, pour s'apercevoir qu'un chagrin secret la dévorait ou plutôt la consumait lentement, et que l'amour peut-être, l'amour en était la cause..... L'amour!!! ah! celui qui a ressenti ses coups me comprendra de reste, sans doute! Sans doute aussi il pourra se rappeler tout ce que la coupe enivrante de ce dieu perfide laisse quelquefois d'amertume, de regrets dans le cœur.....

Aussi Honorine voyait-elle très peu le grand monde. La musique et ces jolis ouvrages des doigts dans lesquels les femmes excellent, étaient son unique occupation. Enfin la promenade, mais une promenade au milieu de sites agrestes et solitaires, charmait ses longs loisirs, et semblait avoir pour elle un attrait indicible. Ah ! c'est qu'il est doux, il est consolant de confier à la solitude ses pensées, ses souvenirs, et plus souvent encore, hélas ! ses peines, ses regrets, ses soupirs.

A moins de circonstances exceptionnelles et assez rares où il fallait qu'il représentât, jamais M. de Lénoncourt ne paraissait en public avec sa femme. Un profond mystère entourait le motif de cette secrète mésintelligence entre des deux époux. Seulement on se rappelait que très-peu de temps après leur mariage, on avait vu tout-à-coup succéder la froideur et l'indifférence à l'amour le plus tendre... Mais quelle avait été la cause, la véritable cause de ces orages domestiques ?..... on l'ignorait..... c'était un mystère.... encore une fois.

On en disait long, à la vérité, sur ce sujet.... Le public faisait bien des supposi-

tions..... bien des conjectures..... racontait
bien des choses... *raconter*, toutefois, n'est pas
le mot: en effet ceux qui auraient pu avoir
connaissance de faits d'une telle gravité se
seraient bien gardés d'en faire part à leurs
voisins ; car alors, voyez-vous, la liberté de
tout dire n'existait pas : on était loin, bien
loin de se douter qu'on pût tout dire..... le
siècle n'avait pas encore fait cette *belle découverte*. On était si simple alors! si bon!
si crédule! Oh! quel temps que celui-là!

Quoi qu'il en soit, une froide et silencieuse indifférence avait rompu toute réla-
tion entre les deux époux ; et tandis que
M. de Lénoncourt, tout entier aux instructions qui lui étaient transmises par son des-
potique souverain Louis XI, n'était occupé
nuit et jour qu'à river sourdement et petit
à petit les fers, déguisés sous l'apparence
trompeuse de l'amitié, qu'il imposait aux
trop confiants Verdunois, la triste et
belle Honorine s'abandonnait avec délices

dans la solitude et sous les verts ombrages de l'allée des Soupirs à ses doux pensers d'amour.

De sa robe de perles et d'azur, l'aube orientale venait de revêtir l'horizon. Hyacinthe, accablé d'ennui, Hyacinthe comme affaissé sous le poids du joug barbare dont il est la victime, joug d'autant plus affreux qu'il est un mystère dont il ne comprend ni les motifs ni la portée; Hyacinthe se lève de sa couche inondée de larmes. La prière est la seule ressource qui s'offre à lui dans son infortune..... elle seule lui reste encore pour converser, pour *communiquer* avec un Dieu bon et miséricordieux..... Ah! oui, la prière sait le chemin du ciel!!! n'en est-elle pas descendue?

Le jeune novice se rend à l'église du monastère. Sous ses pas l'écho de la vieille basilique a retenti..... Machinalement il s'avance vers une chapelle collatérale..... Là, quelques lampes brûlaient encore, mais leur pâle éclat venait de s'effacer devant les premiers rayons du jour. Appuyé contre un pilier, Hyacinthe contemplait en silence le marbres des autels, lorsque soudain un léger bruit le fait tressaillir..... le tire de la profonde rêverie où il était plongé.

Au fond de cette chapelle était une voûte sombre conduisant à un caveau, sépulture ordinaire des religieux. Hyacinthe le savait; Hyacinthe frémit en se le rappelant... Hélas ! c'est que la mort offre de si tristes souvenirs, que même pour l'enfance et la jeunesse elle est encore un sujet d'effroi et d'épouvante !

Un profond soupir s'est fait entendre de nouveau..... Hyacinthe n'en peut douter; il n'est pas le seul être qui souffre en ces lieux redoutables. Il lève lentement les yeux..... Ciel ! quel objet a frappé ses regards!!! A quelques pas devant lui, et penchée sur le marbre des sépultures, apparaît dans l'obscurité comme une ombre enveloppée dans un long voile de lin..... A cette vue, le jeune novice, sous l'empire d'une

vague terreur, demeure immobile comme
la blanche statue des mausolées.

Cependant, au milieu des soupirs étouffés
qu'exhale cette ombre infortunée, Hyacinthe a cru entendre ces mots: *Grand Dieu!
la mort m'aurait-elle donc oubliée?*..... et,
dans l'instant, une larme religieuse glissant
furtivement sous le long voile de lin est
venue mouiller le parvis de la basilique.....
Ce touchant hommage rendu à la mémoire
de ceux qui ne sont plus, émeut au dernier
point le jeune novice; à peine ose-t-il se
mouvoir..... à peine ose-t-il faire quelques
pas..... N'a-t-il pas à craindre de troubler
le saint recueillement dont il est le témoin?..... Il hésite encore..... il s'avance en
tremblant..... mais soudain, ô ciel! il a re-
connu..... Honorine!!!

C'était elle en effet..... A son aspect, une
douce lumière a comme éclairci les tristes pensers d'Hyacinthe; la sérénité est
descendue dans son cœur; un souffle divin
est venu rafraîchir les brûlantes sensations

qu'il éprouve... Honorine, non moins émue, ne peut retenir un cri de surprise et de joie.....

— C'est vous, Hyacinthe! sans doute ma prière est déjà exaucée!

Presque confuse de ce premier élan du cœur, Honorine n'en peut dire davantage, baisse les yeux et rougit.

A ces douces paroles, à ce tendre aveu, l'extrême agitation d'Hyacinthe redouble encore; dans son trouble, il ose balbutier quelques mots entrecoupés.....

— Ah! s'écrie-t-il, si le ciel exauçait les vœux d'Honorine, qu'Hyacinthe serait malheureux!!! Seul alors, que deviendrait-il sur cette terre?..... Hélas! elle ne serait plus pour lui qu'une lande nue et désolée!

Et le jeune novice de Saint-Vannes semble demander grâce pour les mots qui viennent de s'échapper de ses lèvres tremblantes, et soudain, par un mouvement spontané, il tombe à genoux à côté d'Honorine, sur le marbre froid des sépultures.

— Ah ! vous venez de déchirer mon cœur, s'écrie en poussant un long soupir cette épouse infortunée; levez-vous, Hyacinthe, levez-vous..... sortons..... Ces lieux sacrés, ces lieux d'un éternel repos, ces lieux d'une nuit éternelle, me rappellent de trop douloureux souvenirs..... Oui, c'en est trop..... si la tombe est muette..... si la tombe est peut-être insensible..... que ceux qui viennent l'arroser de leurs larmes brûlantes, que ceux-là sont à plaindre!

Et, en disant ces mots, Honorine entraînant Hyacinthe hors des parvis sacrés, tous deux s'avancent à pas précipités sous les ormes séculaires qui ombragent l'antique abbaye de Saint-Vannes, et bientôt ils sont arrivés près du banc de gazon solitaire qui fut déjà si souvent témoin de leurs doux entretiens.

Sous ces voûtes de verdure, sous ces dômes mystérieux si favorables aux tendres aveux de l'amour, Honorine respire plus librement..... Quelques instants elle contem-

ple en silence Hyacinthe.....elle semble lire
dans ses regards..... ou plutôt vouloir lui
confier quelque chose,.... elle hésite encore.,... Mais non ! la lave brûlante a bouil-
lonné assez long-temps dans les flancs mu-
gissants du cratère..... c'en est fait , il faut
que le volcan éclate.

De l'accent le plus passionné, tout-à-coup
Honorine s'écrie :

— Serait-il vrai? Hyacinthe, dis-moi, le
sort d'Honorine.....

Elle ne peut achever ; la plus vive émotion semble la maîtriser..... les paroles ex-
pirent sur ses lèvres..... tour-à-tour une
pâleur subite, ou une vive rougeur couvre
ses joues. Puis soudain, et comme se re-
prenant, Honorine en proie à une exaltation difficile à peindre, et dans un délire
qui jette comme un voile mystérieux sur
son langage brûlant, et le rend presque
inintelligible, s'écrie de nouveau :

— Non, ce n'est pas cela que je voulais
te dire..... ce n'est pas cela que je voulais

savoir..... car aussi bien il faut que je l'apprenne de ta bouche..... Entends-tu, je veux la vérité!!! je la veux, quoiqu'il m'en puisse coûter..... Je la veux, Hyacinthe..... dis-moi, aimes-tu Honorine ?

. Et le jeune novice est muet d'étonnement..... et son regard plein d'innocence et de candeur semble défier une femme en délire.

Mais Honorine :

— Réponds-moi donc, cruel! réponds-moi?..... Mais non, tu ne peux me comprendre..... non..... Le séjour du cloître t'aurait-il rendu insensible?..... t'aurait-il ravi toute pitié?..... Malheureux enfant! que je te plains!!! Ah! c'est plutôt moi qui suis à plaindre!..... Tiens, vois comme ce cœur est agité! sens comme il bat!.....

.. Et Honorine a saisi la main d'Hyacinthe..... Puis, après un moment de silence :

— Ce monastère a donc bien des charmes pour toi?..... Et moi aussi je pourrais

faire ton bonheur!!!..... si tu m'aimais!!
quelle serait alors notre félicité!!!..... Mais
non, encore une fois, non, tu ne peux me
comprendre..... Ces murs sacrés, ce cloître
austère, sont tout pour toi..... Les malheureux!..... comme ils t'ont trompé! comme
ils te trompent!.....

Et Honorine inonde de larmes brûlantes
le long voile qui ombrage à peine ses charmes.

Puis tout-à-coup, et d'un air égaré, elle
s'écrie de nouveau :

—Hyacinthe, de grâce, un mot de pitié!!!
je t'en supplie!!!

Qui pourrait rendre l'expression du
regard d'Honorine en prononçant ces dernières paroles? ou plutôt quel cœur de roche pourrait y rester insensible?..... Attendri, hors de lui, Hyacinthe s'écrie :

— Honorine, pourquoi ces larmes?.....
Ah! je suis bien coupable, si c'est moi qui
les fais couler.

—Eh! bien, tu peux en arrêter le cours.....

Encore une fois, dis-moi, Hyacinthe, dis-moi,
m'aimes-tu?.....

— Vous le savez, Honorine, vous seule.....
Mais que sert cet aveu?..... de quel prix
peut être l'amour d'Hyacinthe?..... lui,
pauvre orphelin du monastère!..... lui, le
rebut de ce séjour!..... lui, qui porte un nom
ignoré! lui, dont la triste existence n'est
qu'un mystère d'infortunes, de douleurs!...
lui enfin, lui moins que rien!.....

— Eh! qu'ai-je donc plus que toi?..... que
suis-je plus que toi sur cette terre baignée
de mes larmes?.....

— Mais Hyacinthe est sans amis, sans
appui, sans richesses.....

— Eh bien! suis-moi, je serai tout pour
toi..... Une cabane et le désert, oui, c'est
tout ce qu'il faut pour faire le bonheur
d'Honorine et d'Hyacinthe.

— Et l'hymen d'Honorine?.....

— Mon hymen!!! s'écrie-t-elle soudain
avec l'accent du plus violent désespoir;
mon hymen! ah! ne m'en parle jamais

Hyacinthe!..... ne sais-tu pas que c'est cet
hymen fatal qui empoisonne ma vie!..... ne
sais-tu pas?... Mais non... tiens, jette plutôt
les yeux sur ce monastère..... c'est là qu'il
dort celui dont j'avais reçu les serments.....
C'est lui que je pleurais, quand tes pas
t'ont conduit ce matin, au lever de l'aurore, dans la sainte basilique... Et pour
moi aussi la douleur, chaque jour, devance
l'aurore..... Oui, chaque jour, je viens arroser de mes larmes brûlantes la tombe de
celui qui devait faire mon bonheur!!! C'est
là qu'est mon hymen, mon seul hymen!.....
je n'en connais point d'autre..... Les barbares qui ont ravi ma foi, les barbares qui
ont surpris mon cœur, les barbares qui ont
immolé ce mortel que j'aimais tant, ne peuvent exiger que je respecte des liens que
j'abhorre.... Tiens, écoute! écoute bien....
il crie, le sang innocent.... il demande vengeance..... il sera vengé, oui, je le jure!!! tu
le jures aussi, Hyacinthe!..... ne m'as-tu pas
dit que tu m'aimais?.... eh bien! tu ne peux

aller contre tes promesses..... elle sont sacrées..... c'est le serment prononcé à la face
des autels..... Oui, tu es à moi!!! je suis à
toi!!! à toi pour la vie!!! va, sois sans crainte...
nul mortel ne peut rien contre nous..... aucune puissance humaine ne pourrait rompre les liens de deux cœurs unis par l'amour.
L'amour!... ah! tu le connaîtras ce dieu!...
oui, tu le connaîtras..... il fera notre félicité.... Hyacinthe, tu me l'as dit, tu viens
de me le dire, de me le jurer. Tu m'aimes!!!...
c'est assez..... tu es à moi!!! Honorine est à
toi pour la vie!!!

Et en prononçant ces derniers mots,
Honorine en délire pressait avec transport
Hyacinthe..... Ainsi, dans le vallon, apparaît
la blanche fleur du lys enlacée aux roses
virginales.

Mais Hyacinthe à Honorine qui semble
vouloir l'entraîner:

— Où allons-nous?..... où veux-tu me
conduire?.....

— A ton bonheur!!!

— Non, Honorine, non; tu t'abuses.....
Je t'aime! ou plutôt je t'adore! mais, hélas!
je ne puis être à toi..... ce monastère..... ton
hymen.....

—Malheureux! tu veux donc ma mort?.....
Ah! cruel! ose te confier à moi! que dis-
je? ose seulement te confier à l'amour.....
celui-là est un guide qui n'égare jamais!.....
Puis, de l'accent le plus tendre : Viens,
Hyacinthe, viens faire le bonheur d'Honorine..... elle t'aime, Honorine..... viens être
heureux près d'elle.....

— Honorine, reprend Hyacinthe, encore
une fois, tu t'abuses.....

— Eh bien! s'écrie soudain Honorine,
avec l'accent du plus violent désespoir; je
t'abandonne à tes remords!..... ô toi qui ne
crains pas de te parjurer à la face des autels!
non, tu n'étais pas digne du bonheur..... Ingrat!!! moi qui t'aimais tant..... mais non!
non! je te hais maintenant!!! laisse-moi,
laisse-moi aller mourir....: oui, puisque je
ne puis être heureuse avec toi, je saurai

mourir..... j'irai mourir loin de toi...... et Hyacinthe, l'ingrat, le parjure Hyacinthe sera la cause du trépas de l'infortunée Honorine..... Adieu, Hyacinthe, adieu pour toujours!!!

Et, en prononçant ces mots, Honorine tremblante, éplorée, se lève soudain, saisit la main d'Hyacinthe, la baigne de larmes et la presse amoureusement une dernière fois sur son sein haletant.

Doux charme de l'amour! que ton pouvoir a de magie! Soudain ce mystérieux contact a fait tressaillir le jeune novice..... il imprime avec transport ses lèvres brûlantes sur cette main chérie qui presse la sienne..... et, de l'accent le plus tendre, s'écrie :

— Arrête, Honorine, arrête!!! de grâce, n'abandonne pas Hyacinthe.....

Ah! qu'en prononçant ces mots l'expression du regard du jeune novice était suppliante! Qu'il était beau alors en éprouvant, pour la première fois, ce feu divin de l'a-

mour qui s'allume pour ne s'éteindre qu'avec
notre existence! Comme Honorine s'enivre
à la vue de cette flamme mystérieuse qu'elle
a fait circuler subitement dans les veines
de son jeune amant! Comme l'accent de sa
voix pure et virginale a retenti voluptueu-
sement dans le cœur de cette femme en
délire! Comme elle se repaît avec délices
de ce tendre regard qui semble l'implo-
rer! Dans ce moment délicieux, tout ce
qui entoure Honorine n'est rien à ses yeux,
Hyacinthe est tout pour elle..... seulement, elle craint peut-être que tant de
félicité ne soit l'effet d'un songe trom-
peur..... Sur son sein, dont les mouvements tumultueux ressemblent aux vagues
d'une mer agitée, elle presse avec volupté
ce tendre enfant..... et, dans ses yeux encore humides, elle semble lire tout son
bonheur..... Oui, c'en est fait, Hyacinthe et
Honorine se sont compris.....

Mais soudain un zéphyr jaloux agite
la longue chevelure d'Honorine, et je-

tant, comme un voile importun, ces mille boucles flottantes sur les traits d'Hyacinthe, semble vouloir voiler sa rougeur, et le ravir aux plus doux embrassements..... L'amante du jeune novice hésite alors..... On dirait qu'elle n'ose franchir cette barrière de la nature; on dirait qu'elle craint d'effleurer cette bouche virginale..... on dirait qu'elle craint de profaner tant d'innocence..... Mais le zéphyr, vaincu par l'amour, se prête enfin aux désirs de feu d'une femme en délire..... De nouveau il agite l'ébène de cette longue chevelure, et livre la bouche purpurine d'Hyacinthe aux doux embrassements d'Honorine.

Enlacé dans les bras de son amante, l'heureux Hyacinthe partage ses transports et rend avec ivresse les baisers qu'il reçoit..... Une flamme inconnue circule dans tous ses sens..... Une vapeur éthérée semble alors dérober à tous les regards le bonheur de ces deux amants.....

Leurs respirations se confondent..... Leur félicité est celle des immortels..... Hâtez-vous, hâtez-vous, couple fortuné! hâtez-vous d'épuiser la coupe des voluptés..... Enivrez-vous dans ses flots plus doux que le miel..... Demain peut-être il ne serait plus temps..... Hélas! le plaisir passe si vite, sitôt fuit le bonheur, qu'il est moins qu'un songe pour nous infortunés mortels!

Hyacinthe était depuis quelques instants plongé dans cette extase amoureuse, lorsqu'il en fut tiré par la voix d'Honorine.

— Mon bien-aimé, s'écrie-t-elle, ton sort est désormais lié au mien..... Tu t'es confié à Honorine, Honorine va se confier à toi..... Écoute bien ce que je vais te dire..... surtout, mystère!!! mystère et amour!!! Tu le jures, Hyacinthe, tu le jures!!! Eh bien! écoute ce que je vais te dire :

Au sein des célestes sphères, et par-delà tous les mondes, il existe des esprits d'un ordre supérieur à celui des humains. Seuls ils ont le secret d'un bonheur ineffable, dont les mortels ici-bas n'ont qu'une faible idée. Seuls, ils en jouissent sans partage et sans crainte..... Toutefois ces esprits d'un ordre supérieur, ces êtres véritablement heureux se manifestent quelquefois aux mortels qu'ils ont jugés dignes de partager ce bonheur suprême..... Hyacinthe, je puis, je veux *t'initier* à cette céleste volupté..... Une félicité terrestre, une félicité tout humaine ne suffit plus à l'amour dont je brûle pour toi..... Toi-même, faible mortel, tu ne pourrais supporter long-temps l'excès de ton bonheur, si je ne te découvrais les sublimes secrets que je possède..... Par un pouvoir surnaturel je serai toujours près de toi, ô mon Hyacinthe! et tu seras toujours près de ton Honorine..... Dans le silence des nuits je t'apparaîtrai..... en des lieux inconnus au profane vulgaire; j'irai avec toi m'enivrer de tout ce que l'amour a de plus délicieux..... Sois sans crainte, ô mon bien-aimé! les hommes n'ont plus auc'un empire sur nous..... que dis-je? nous pouvons défier toutes les puissances de la terre..... Oui, encore une fois, tu n'es plus *esclave* en ce bas monde..... Ton âme pure et dégagée de son enveloppe périssable va désormais parcourir, avec moi, des régions inconnues aux mortels..... Toujours nous allons être l'un à l'autre..... toujours nous allons être heureux..... Oh! mon bien-aimé, quelle félicité sera la nôtre!..... Tiens, reçois ce précieux talisman!..... je te le confie..... c'est le gage de mon amour pour toi..... il assure à jamais ta nouvelle destinée..... il assure à jamais notre bonheur.....

Et en disant ces mots Honorine tire de son sein une rose dont l'éclat purpurin, dont le parfum a quelque chose de céleste et d'aérien.

— Hyacinthe, s'écrie-t-elle de nouveau, dépose sur ton cœur ce précieux talisman; qu'il ne te quitte jamais! jamais, entends-tu!..... oui, ce talisman est indestructible.....

toujours cette rose conservera sa fraîcheur...
il te suffira d'aspirer sa douce odeur pour
voir à l'instant s'accomplir tous tes désirs.
Oui, encore une fois, cette fleur est immor-
telle comme notre félicité.

Et Hyacinthe, l'heureux Hyacinthe a dé-
posé la rose mystérieuse sur son cœur.

Et dans l'instant il lui semble que quelque chose de surnaturel s'est opéré dans
tout son être.

Toutefois tant de prodiges ne suffisent
point encore à Honorine. Sa jalouse tendresse veut recourir à des charmes plus
puissants. — Mon bien-aimé, s'écrie-t-elle,
l'amour dont je brûle pour toi veut te faire
subir une dernière épreuve..... J'ai à te confier un dernier secret..... Une antique
tradition en a seule conservé un obscur souvenir dans la cité des Claviens..... Ce souvenir est pour les peuples de cette contrée un
sujet de respect et de vénération..... Tu as
sans doute entendu parler du caveau des

Sept-Dormants !..... eh bien! je veux t'y conduire..... C'est dans ce lieu sacré et maintenant ignoré de tous les mortels que je veux recevoir tes derniers serments..... je croirai seulement alors à des serments prononcés sous ces voûtes redoutables..... Ne crains rien, mon bien-aimé; c'est pour assurer ton bonheur que je veux opérer ce nouveau prodige. Oui, en t'y soumettant, tu feras ton bonheur et celui d'Honorine..... pourais-tu t'y refuser?

Et en disant ces mots, Honorine, s'appuyant sur le bras de son jeune amant, s'avance, à pas précipités, vers l'endroit le plus sombre du bocage.

Après plusieurs détours, il semble à Hyacinthe qu'ils se sont rapprochés de l'enceinte du monastère de Saint-Vannes, et qu'ils y ont pénétré par une porte étroite, dérobée à tous les regards par un épais massif d'arbrisseaux. Un couloir long et obscur est devant eux. Ils s'y engagent l'un et l'autre.....

La clarté du jour a tout-à-fait disparu.....
Bientôt une pente roide et glissante semble
les entraîner dans un gouffre immense.....
De larges gouttes d'une eau presque glacée
viennent de temps en temps glisser sur leurs
vêtements..... Le bruit de leurs pas est répété par l'écho d'une manière effrayante.....
Le sol est tout humide, presque mouvant.....
Sont-ils descendus dans les entrailles de la
terre?..... reverront-ils jamais la lumière du
jour?..... Hyacinthe tressaille involontairement aux sinistres pensées qui agitent
son esprit..... Mais Honorine, qui s'est aperçue du trouble de son jeune amant, lui
dit, en le pressant sur son cœur :

— Ne crains rien, mon bien-aimé! nous
touchons au terme de notre course.

Et, dans l'instant, l'amante d'Hyacinthe
s'est arrêtée devant une petite porte qui
cède sans peine à ses efforts, s'ouvre par
un pouvoir secret, et soudain laisse échapper des flots de lumière..... Hyacinthe n'a

pu retenir un cri de surprise..... il hésite.....
mais Honorine l'entraîne en s'écriant :

    — Entrons! c'est ici le caveau des Sept-
Dormants..... et tous deux en effet sont au
sein du caveau mystérieux.

    Quel spectacle imposant et majestueux
s'est offert à leurs regards ! ! ! Autour d'une
vaste rotonde, revêtue de marbre blanc,
sont disposés sept mausolées de marbre
noir ; sur chacun d'eux est couché un vieillard vénérable avec les insignes de l'épiscopat. Tous ces saints évêques semblent
plongés dans un profond sommeil ; c'est le
sommeil du juste. De longues barbes se
dessinent sur leur poitrine ; des gants
d'une blancheur éblouissante recouvrent
leurs mains (1) ; un doux parfum s'exhale de leurs dépouilles sacrées ; une
vapeur mystérieuse, semblable à une au-
réole céleste, les entoure..... Enfin des
lampes d'or suspendues à la voûte du monu-

____

(1) Historique (voyez *Wassebourg* et *Roussel*).

ment répandent une douce clarté en harmonie avec le silence qui règne en ce lieu redoutable.

A cette vue, le jeune novice de Saint-Vannes est saisi d'un profond respect; il n'en peut douter, les voilà ces vénérables pontifes qui évangélisèrent jadis la cité des Claviens. Les voilà ces saints successeurs d'un Saintin, d'un Maur, d'un Salvin, d'un Arateur! Ils dorment ici d'un tranquille sommeil..... c'est que leurs cendres sont ignorées..... Ah! puissent-elles l'être toujours!

Et, en disant ces mots, Hyacinthe s'est incliné devant les monuments.

Honorine a remarqué la pieuse exaltation de son jeune amant. Le cœur de celui qui croit n'est jamais insensible..... elle le sait..... L'amour!!! ah! c'est un culte; c'est une religion que l'amour!..... en lui est tout..... tout!!! Honorine le sait, Honorine l'éprouve aussi en ce moment..... elle aussi, elle est profondément émue..... elle aussi, elle com-

prend alors, à la vue de ces tombeaux,
tout ce que la mort a de terrible, et, par
un contraste qui a tant de charmes pour
les cœurs sensibles, tout ce que l'amour a
d'ineffables douceurs, en présence de ce
spectacle redoutable du trépas.

— Hyacinthe! s'écrie-t-elle soudain avec
l'accent du délire, Hyacinthe, voici les témoins de notre hymen!!! voici ceux qui
doivent recevoir nos serments!!! Tu le
jures, Hyacinthe, tu le jures, tu ne seras
jamais qu'à moi!!!

— Quoi! sous ces voûtes sacrées?.....

— Nos serments n'en seront que plus so-
lennels.

— Sur ces tombeaux?.....

— Notre hymen n'en sera que plus indestructible.

— En présence de la mort?.....

— L'amour la couvre de roses.

— Eh bien! oui, je le jure!!! s'écrie Hyacinthe avec l'accent de la plus vive exaltation.

— Tu le jures!!! à toi pour jamais, Hyacinthe! s'est de même écriée Honorine.

Et soudain un sourd mugissement a retenti sous le marbre froid des sépultures..... et soudain des voix inconnues ont murmuré, sous les voûtes sacrées, des paroles redoutables..... et soudain un voile funèbre a passé devant les yeux des deux amants..... et soudain la cloche du monastère, comme le glas des derniers moments, a fait retentir les vieux arceaux, et ébranlé, jusque dans ses fondements, l'antique abbaye.

— Honorine, s'écrie d'une voix presque éteinte le jeune novice de Saint-Vannes, quels sinistres présages! As-tu entendu ces longs soupirs qui partaient du monument? et ces voix mystérieuses et menaçantes? et le son lugubre de cette cloche?..... et ce voile noir l'as-tu vu suspendu sur nos têtes? Ah! fuyons de ces lieux..... fuyons, séparons-nous.

Et de nouveau les sinistres présages se sont renouvelés..... et de nouveau la cloche a tinté le glas des derniers moments.

— Fuyons! s'écrie encore Hyacinthe....

Et pour la troisième fois des soupirs étouffés, de longs gémissements, des voix menaçantes, d'horribles imprécations se sont fait entendre..... tandis qu'un voile semblable au linceul ou au froid suaire des sépultures dérobe, dans ses lugubres plis, l'éclat des lampes d'or, et que le glas mugit, comme la plainte qui s'exhale de la poitrine oppressée du moribond, ou comme l'impitoyable aquilon s'engouffrant sous le chaume, et emportant au fond des abîmes l'humble cabane du pauvre.

Et pour la troisième fois aussi le jeune novice de Saint-Vannes a fait entendre sa voix suppliante et lamentable.

— Rassurée par tes serments, certaine de mon bonheur, maintenant je quitterai sans regret ces lieux, répond Honorine, en pressant sur son sein haletant le trop sensible Hyacinthe ; mais lorsque l'étoile du soir brillera au firmament, je serai près

de toi..... ô mon bien-aimé!..... et vous,
doux charmes, doux prodiges, obéissez!

Et soudain, à la voix d'Honorine, le caveau des Sept-Dormants et ses merveilles
se sont évanouis comme une vapeur légère..... et, semblables à deux colombes fu-
gitives, les deux amants s'éloignent rapidement sous les dômes de verdure qui céi-
gnent l'antique abbaye de Saint-Vannes.

Première Nuit.

Dans Endor il est une femme douée de
l'esprit de Python.

(*Rois*, liv. I, c. xxxviii, v. 7.)

Retiré dans sa cellule solitaire, le jeune
novice de Saint-Vannes, en proie à la plus
vive émotion, ne peut se livrer à aucune
de ses occupations habituelles. Mille pensées confuses agitent tumultueusement son
cœur. Son imagination bouleversée par les
scènes extraordinaires dont il vient d'être
le témoin, et surtout par les tendres aveux

d'Honorine, revêt de teintes inaccoutumées
et fantastiques tous les objets qui sont autour de lui. Une vague terreur le saisit.....
Dans ce moment, en vain il voudrait im-
plorer le ciel..... ouvrir son cœur à ce Dieu,
refuge des mortels..... hélas! il ne le peut.....
toutes les facultés d'Hyacinthe sont égale-
lement fascinées par un trouble insurmontable.

Déjà l'astre brillant du jour avait cessé,
depuis quelques instants, d'éclairer la plaine.
A l'occident, un vaste manteau de pourpre
semblait refléter encore ses derniers feux.
L'air était calme et serein. Une brise rafraî-
chissante balançait doucement les cimes
verdoyantes des arbres. Tout était silencieux dans le monastère. Ses tours élancées
se perdaient par degrés dans l'ombre qui
descendait lentement, comme un grand
voile, sur la cité des Claviens. De temps en
temps son bruit lointain venait expirer,
comme une plainte, au pied des murs gri-
sâtres de l'abbaye; et par intervalle aussi

le son d'une cloche lointaine annonçait le moment désiré où le laboureur et l'artisan vont enfin goûter les tranquilles douceurs du repos. Hyacinthe, lui aussi, dans l'espoir de goûter ce repos réparateur, s'était jeté sur sa couche brûlante..... Mais, en vain il demande au sommeil ses doux bienfaits; le sommeil, sourd à l'humble prière du jeune novice, glisse sur sa paupière, comme l'onde du torrent sur les flancs de l'abrupte rocher.

Toutefois une sorte de somnolence appesantit enfin ses sens..... Ce n'est point encore le sommeil, mais cette sensation presque délicieuse, insaisissable, avant-coureur des dons de Morphée. Quelque chose d'insolite, de mystérieux, se passe alors dans la paisible retraite d'Hyacinthe..... une vapeur légère semble l'entourer..... des images fantastiques se dessinent devant lui..... il lui semble qu'un vent impétueux s'élève tout-à-coup..... siffle avec fureur sous les vieux

arceaux du monastère..... l'ébranle jusque
dans ses fondements..... Il lui semble encore
que la fenêtre de sa cellule, poussée par la
tourmente, s'est ouverte avec fracas ; que
la voûte des cieux, si pure lorsqu'il se jeta
sur sa couche, est traversée en tous sens
par des nuages bizarres et sillonnée par des
feux étincelants.

Du son lugubre et prolongé de ses lourds
marteaux, soudain l'horloge de l'abbaye a,
par douze fois, fait retentir l'écho des
nuits..... O prodige!!! du sein de ces nuages
si bizarrement découpés, s'élancent tout-à-
coup mille ombres fantastiques..... leurs
formes sont vaporeuses, indécises..... Une
de ces ombres se détache des autres, s'approche lentement, semble faire signe à
Hyacinthe de la suivre..... Tandis qu'il hésite, qu'il la contemple attentivement, l'ombre s'approche encore..... sa voix, comme
un léger souffle, a dit tout bas :

— Hyacinthe ! c'est moi.....

Et soudain le jeune novice a cru reconnaître Honorine..... Et l'ombre a répété de nouveau :

— C'est moi..... Hyacinthe !

Un long voile diaphane dérobe à peine les appas de cette ombre mystérieuse; semblable à une vapeur légère, elle se balance gracieusement dans un nuage d'or, d'azur et de pourpre. Hyacinthe n'en peut douter, c'est elle, c'est Honorine..... Quelque chose d'aérien, de céleste, est répandu sur toute sa personne..... son regard est triste; mais cette tristesse est pleine de volupté..... Une douce pâleur, comme une gaze transparente, voile ses traits..... Sur son sein d'albâtre ses beaux cheveux flottent au gré des vents..... Les sons qui s'échappent de ses lèvres ont je ne sais quoi de solennel..... Enfin, son regard passionné semble dire à Hyacinthe : —Vois comme tu m'es cher !!! Oui, c'est pour toi que tant de prodiges s'accomplissent!.....

Cependant, sur le sein d'Honorine brille

une rose mystérieuse, et sa bouche, d'où
s'échappent d'amoureux soupirs, imprime
un doux baiser sur le front d'Hyacinthe......
Soudain alors le charme opère; par un pouvoir surnaturel, le nuage d'or, d'azur
et de pourpre s'ouvre, les reçoit tous
les deux et les emporte au loin dans les
airs..... Dans leur course aérienne, ils
voient disparaître dans l'ombre le monastère, ses tours élevées, et, enlacés amoureusement dans les bras l'un de l'autre,
ils s'élancent rapidement au sein du céleste empire.

A l'occident de l'antique cité des Claviens
s'élève un monticule sauvage (1), lande nue
et desséchée, que ne recouvre pas la plus
légère couche de cet humus noirâtre, signe
de fécondité. Aussi nulle végétation ne ta-
pisse la crête de ce mont; à peine si quelque mousse, quelques lichens osent s'y
montrer. Une grande tristesse, un grand
ennui saisit son cœur, quand, de ses pas

____

(1) Aujourd'hui le mont Saint-Barthélemy.

imprudents, le voyageur essaie de fouler ce sol maudit. Quelques mares fétides d'une eau boueuse, verdâtre, sourdent en silence des profondes crevasses qui sillonnent en tous sens la cime et les flancs décharnés de ce monticule. De dégoûtants reptiles y font seuls leur demeure. Tout semble annoncer que ce lieu désolé, appelé le Méphistophélesmont, fut profondément bouleversé, lors de ces antiques cataclysmes qui ébranlèrent jadis notre planète (1).

Une tradition constante, dont l'origine se perd dans la nuit des temps, rapporte que les vieux Gaulois et leurs druides avaient autrefois accompli leurs plus secrets, leurs plus redoutables mystères, sur ce mont ombragé sans doute alors par une épaisse forêt (2). Ainsi d'affreux sacrifices y

(1) Tous ces détails géologiques sont exacts, à très peu de chose près, la culture ayant modifié ce sol ingrat.

(2) Il existe à Saint-Barthélemy un canton de vignes, dit *le Camp des Gentils*.

avaient été consommés..... En l'honneur
de Teutatès, le sang des vieillards, des enfants, avait coulé à grands flots..... A la voix
du christianisme, il est vrai, Teutatès et
son culte sanguinaire avaient disparu; les
druides et les belles Velléda s'étaient enfuis;
le bois ténébreux avait été abattu, mais
une tache indélébile de malédiction était
demeurée à ce sol souillé de rites exécrables.
En effet, nul mortel n'osait y porter ses
pas, surtout depuis que l'on savait, à
n'en pas douter, que des mystères bien autrement horribles que ceux de Teutatès
s'y pratiquaient dans le silence des nuits.
Mystères impies! dont le nom exécré n'était
prononcé qu'en tremblant! mystères impies qui étaient pour tout le monde un sujet de terreur et d'effroi!

C'était là, en effet, c'était là, il faut bien
le dire, c'était au sommet du Méphistophélesmont, sur les bords désolés d'une onde
noire, cloaque infect, dégoûtant, que la
horde odieuse, que la tourbe exécrée de

ces malheureux mortels vendus à Belzé-
buth, venait, dans le silence, dans l'horreur des ténèbres, pratiquer des rites
épouvantables..... Maintes fois les chants
obscènes, les horribles clameurs de ces ban-
des sataniques avaient troublé, à l'heure
de minuit, le repos des paisibles habitants
de la cité..... Pareils aux lugubres mugisse-
ments de l'aquilon, maintes fois leurs cris
impies, leurs accents blasphémateurs s'é-
taient élevés dans les airs..... Maintes fois
on avait vu (de loin)..... *horresco referens!!!*
des spectres hideux, nus, échevelés, danser
aux pâles lueurs de l'astre des nuits.....
Maintes fois encore le sang d'innocentes
victimes avait baigné le sol maudit témoin
de ces dégoûtantes orgies..... En pouvait-on
douter? Les pleurs, les gémissements de
ces pauvres petites créatures avaient été
entendus..... Par la force et le pouvoir des
enchantements, elles avaient été enlevées à
la tendresse d'une mère, ravies pour jamais
à ses doux embrassements. Et le dirai-je?

aucune force humaine ne pouvait conjurer ces odieux enchantements..... ni arrêter le cours de ces sacrifices, mille fois plus odieux..... Bien plus, on n'osait élever la voix pour se plaindre..... Ne savait-on pas comme il aurait été imprudent, comme il aurait été dangereux d'attirer sur soi, sur sa famille, sur ses amis, les atroces vengeances des êtres sataniques qui fréquentaient ces nocturnes assemblées, véritables mystères d'iniquités? A la vérité, quelques uns de ces suppôts de Satan étaient bien connus, et, comme tels, stigmatisés dans l'opinion du peuple; mais les désigner hautement..... oh! on ne l'aurait osé..... On se contentait seulement, lorsqu'on les rencontrait dans la cité, de détourner les yeux avec horreur, et..... de passer bien vite son chemin.

Une femme, ou plutôt une mégère appelée dame Zabée (1), était connue de tous

(1) Une rue, à Verdun, porte encore le nom de *Dame*

les habitants pour fréquenter ces orgies
exécrables, et y conduire, dans le plus
profond secret, ceux ou celles qui avaient
le malheur de se confier, ou plutôt de se
livrer à son pouvoir diabolique. Elle demeurait dans une petite rue fort reculée.
Cette femme était, pour tout le monde,
un mystère inexplicable, et pour tout le
monde aussi un sujet de terreur!!! d'effroi!!! On redoutait de la rencontrer;
fort heureusement cela était assez rare;
car elle se montrait fort peu..... sortait fort peu, au moins de jour..... Quoi
qu'il en soit, c'était du plus mauvais pré-
sage de rencontrer dame Zabée..... Ne savait-on pas qu'un seul de ses regards (*trans-
versis oculis*) pouvait causer les plus grands
malheurs?..... Ne savait-on pas?..... mais,
chut! on n'en savait que trop sur son

Zabée. On ne sait rien, absolument rien sur cette *dame*,
ni pour quel motif elle a donné son nom à cette rue.
Mais, bien certainement cette dernière circonstance
prouve que très anciennement cette *femme* a joui, soit en
bien, soit en mal, de quelque célébrité.

compte..... Et pourtant, ainsi que nous
venons de le dire, cette femme, sous bien
d'autres rapports, était un mystère impé-
nétrable..... Ainsi, par exemple, on ne lui
avait jamais connu de parents..... Bien plus,
on ignorait complétement d'où elle venait.....
Les citadins les plus vieux assuraient l'avoir
toujours vue telle qu'on la voyait encore.....
Et effectivement, à la bien considérer,
si toutefois on avait ce courage, on lui
aurait donné des siècles..... des rides profondes sillonnaient ses joues creuses et solitaires.... son accoutrement bizarre, insolite,
était d'une autre époque..... tout son extérieur enfin avait quelque chose d'inexplicable et de repoussant tout à la fois..... son
rire, car dame Zabée riait quelquefois, son
rire était horrible!..... A voir cette bouche
édentée, cette bouche hideusement béante,
on aurait dit une des gueules de l'enfer.....
sa voix cassée, caverneuse, car dame Zabée parlait aussi quelquefois, sa voix simu-
lait assez bien le son sourd, lugubre de la

terre, des cailloux poussés par la pelle du fossoyeur sur la bière descendue dans l'abîme de la dernière demeure..... Enfin bien des gens étaient persuadés et disaient, mais tout bas, que cette femme, objet de dégoût et de terreur pour tout le monde, était sans doute de la famille du Juif errant, et qu'elle aussi elle avait outragé l'Homme-Dieu mourant sur la croix.....

On en disait encore bien d'autres..... mais le moyen de raconter tout ce qu'on disait?..... Dans l'impossibilité de répéter toutes les histoires que l'on débitait sur dame Zabée, nous allons vous choisir la suivante; elle est extraite d'une vieille chronique qui rapporte fort au long plusieurs circonstances tant soit peu extraordinaires de la vie de cette femme. Quoique cette aventure, comme vous le voyez, soit tirée de bonne source (une chronique), toutefois nous vous ferons observer que vous n'êtes pas le moins du monde obligés d'y ajouter foi. Voici le fait.

Dame Zabée, disait la chronique en question (remarquez bien que c'est une chronique qui rapporte cela), dame Zabée avait
été fort belle dans sa jeunesse , si belle que
maints et maints amants s'étaient disputé
sa main. Mais , comme elle avait encore plus d'indifférence que de charmes,
long-temps elle fit , par ses dédains, le
désespoir de tous ceux qui ne pouvaient
la voir sans en être éperdument épris.
Un jour pourtant, un beau jeune homme,
d'une des premières familles de la cité ,
ayant eu , pour son malheur, le talent
de lui plaire, dame Zabée se décida enfin
pour le mariage , et les noces se célébrèrent avec une grande pompe. Oncques
on n'avait vu tant de luxe, tant d'éclat, tant
de magnificence.

Quoi qu'il en soit, on raconte qu'au
milieu des fêtes, des banquets, des danses
qui précédèrent et suivirent cet hymen,
apparurent *des figures* que nul ne connaissait dans toute la contrée..... circonstance

qui déjà intrigua beaucoup le public, et le fit jaser encore bien davantage..... les commères surtout..... Cela était peu de chose cependant en comparaison de ce qui va suivre..... Ecoutez jusqu'au bout ce que dit la chronique, et vous verrez.

Selon la louable coutume de ces temps-là, les deux époux disparaissaient ordinairement vers le milieu de la fête, pour aller, je pense, vaquer, dans la chambre nuptiale, aux soins du ménage. Ainsi firent dame Zabée et son époux; et les danses de continuer de plus belle. Cela n'allait pas trop mal jusque là, lorsque soudain un bruit surnaturel, un bruit dont on ne pouvait deviner la cause, dont on ne pouvait se rendre raison, vient effrayer les gens de la noce, qui se livraient en toute sécurité aux ris et aux plaisirs, en attendant le lever de l'aurore. Un bruit étrange, dit la chronique (remarquez bien, je vous prie, que c'est toujours la chronique qui parle), un bruit étrange, des pleurs, des gémissements, des cris, des imprécations, voire même des blasphèmes, remplissaient toute la maison; et, chose incompréhensible, chose incroyable, on ne pouvait deviner d'où partait tout ce vacarme, tout ce tintamarre. Pas n'est besoin de dire que la peur ayant gagné tout le monde, tout le monde, grands et petits, jeunes et vieux, hommes et femmes, garçons et filles, se hâtèrent de sortir de céans, et d'abandonner une position qui véritablement n'était plus tenable, même pour les plus intrépides champions des branles et des danses. Chacun s'en retourna donc, la terreur et l'effroi dans le cœur.

Mais le lendemain ce fut bien pis, quand le bruit vint à se répandre que le matin le pauvre mari (*horresco referens*) avait été trouvé à moitié mort et dans un état à faire pitié, sur la grand'place de la cité..... Qui l'avait mis dans ce piteux état?..... qui l'avait conduit là?..... c'est ce qu'on ne pouvait savoir..... c'est ce qu'on n'osait même se demander..... car, voyez-vous, dame Zabée..... (Ici il y a des points dans la chronique.)

Toutefois, comme on ne pouvait laisser là ce malheureux mari, de bonnes gens crurent bien faire de le reconduire chez lui, ou plutôt chez sa femme..... Inutile de dire que cet infortuné semblait avoir perdu..... et la parole et même..... la raison.

Vous croyez sans doute qu'on trouva dame Zabée en pleurs, en de mortelles angoisses, voire même au désespoir, ou tout au moins en proie à la plus vive inquiétude sur le compte de son époux?..... Mon Dieu! non..... dame Zabée dormait alors d'un profond sommeil, ou faisait tout comme..... On se contenta donc de réintégrer le pauvre mari dans sa maison, ou plutôt dans l'antre d'une infernale mégère..... et, cela fait, tout le monde, je vous assure, de déguerpir bien vite, sans demander son reste, ni d'en savoir davantage

Vous dire maintenant ce qui se passa
entre les deux époux..... oh! la chronique
n'en dit rien..... Bien plus, portes et fenêtres restèrent constamment fermées tout
le long du jour..... on assure même qu'on
ne vit sortir personne de la maison..... Il
va sans dire aussi que personne ne s'avisa
de vouloir pénétrer dans cette diabolique
demeure.....

Mais quand ce vint la nuit..... oh! dame!
les choses changèrent de face..... le tintamarre, c'est la chronique qui le dit, le tintamarre recommença de plus belle.....
C'étaient des cris, des hurlements à faire
dresser les cheveux..... une meute de chiens
n'aurait pas fait pis..... bref, le vacarme
était à son comble..... On se doute bien que
nul ne fut assez imprudent pour vouloir
entrer de gré ou de force chez dame Zabée; bien au contraire, tous les voisins
se claquemurèrent chez eux, et la foule,
qui s'était d'abord arrêtée par curiosité,
la foule glacée d'épouvante se dispersa

bientôt avec la ferme résolution de ne pas se mêler des affaires..... de l'autre monde!!! Pardon, c'est la chronique qui dit cela; car moi, voyez-vous, je n'aurais jamais osé vous le dire aussi crûment.

Hélas! vous l'avez sans doute deviné sans que j'aie besoin de vous le dire...... Le malheureux mari..... eh bien? le malheureux mari fut encore trouvé le lendemain, comme il l'avait été la veille, sur la grand' place de la cité, et, s'il est possible, dans un état pire que la première fois..... Emues de compassion, de pitié, les gens du quartier le relevèrent charitablement, et le reportèrent, comme ils avaient déjà fait, à son domicile, ou plutôt à sa porte, car, cette fois, ils n'osèrent pas même entrer, et s'enfuirent sans regarder derrière eux, et, il n'est besoin d'en avertir, sans demander des nouvelles de dame Zabée.

Cependant cette lamentable histoire devait avoir une fin. Cette fin ne se fit pas attendre long temps. La troisième nuit fut, s'il est possible, encore plus orageuse, plus épouvantable que les deux précédentes..... On dit même, mais cela n'est pas bien prouvé, que d'aucuns prétendirent avoir ressenti comme une sorte de tremblement de terre..... Quoi qu'il en soit, la chronique rapporte textuellement, ainsi on ne peut en douter, que l'horloge de la cité s'arrêta juste à minuit..... que le gardien de la tour aperçut alors comme une procession de noirs fantômes, tous plus hideux les uns que les autres, portant des torches, criant, hurlant, gesticulant, maugréant, blasphémant, et, chose incroyable, tous allant à reculons, et suivant comme une façon de bierre, dans laquelle on voyait..... un mort, allez-vous dire ?..... pas du tout..... un ivvant!!! oui, un pauvre jeune homme plein de vie, poussant des gémissements à vous fendre le cœur, un pauvre jeune homme lié, garrotté, bien empaqueté jusqu'au menton, dans un noir suaire, et qui fut porté, par cette horde infer-

nale, jusqu'au sommet du Méphistophélesmont (1), et là..... malgré ses cris et ses
supplications..... enterré tout vivant ! !!
C'est la chronique qui l'affirme, et la chronique le tenait dudit gardien de la tour,
lequel le raconta, le lendemain, à qui voulut l'entendre. On ne peut donc douter
d'un fait si bien circonstancié..... Pas n'est
besoin d'ajouter que ces funérailles sataniques venaient de la maison..... Ici il y a encore des points dans la chronique..... Pas
n'est besoin d'ajouter encore que depuis
cette nuit d'épouvantable mémoire, on n'entendit plus parler du malheureux mari de
dame Zabée.

Mais, va-t-on dire, il n'y avait donc pas
alors de magistrats, de justice dans cette
cité des Claviens?..... Eh! mon Dieu, si; il y
avait alors des magistrats dans la cité, voire
même des procès, beaucoup de procès.....
pour la justice..... Je me vois forcé de vous

(1) Lieu où se tenait le sabbat, comme nous l'avons dit
plus haut.

avouer que..... la chronique n'en dit rien.....
Tel est, en résumé, le narré fidèle de ce
qu'on racontait de plus saillant, de plus
positif sur le compte de dame Zabée (1).

Eh bien! pourtant, le croirait-on? malgré cet horrible antécédent bien connu de
tout le monde, et qui nécessairement avait
dû laisser planer sur cette femme les plus
affreux soupçons, on savait que, dans
l'ombre des nuits, bien des gens allaient
la trouver, *la consulter*, car dame Zabée
avait la réputation de connaître également
le passé, le présent et l'avenir. On racontait
là-dessus des choses surprenantes..... des
choses incroyables..... si bien que, dans
l'esprit de la multitude crédule, avide de merveilleux, cette science occulte l'avait pres-

(1) Sans vouloir établir le moindre rapprochement
entre les épisodes d'un futile roman, et les récits admirables de la Bible, il n'est personne qui n'ait lu,
dans le livre de Tobie, cette histoire de Sara, fille de
Raguel, dont les sept premiers maris furent tués, la nuit
même des noces, par le démon Asmodée. (Voyez *Tobie*,
c. III, v. 8, 9 et 10.)

que réhabilitée, presque mise en honneur. Oui, les prédictions, les sortiléges de dame Zabée étaient en honneur..... Les jeunes filles pour trouver un mari, les femmes pour se débarrasser du leur, les hommes dont l'aiguillette était nouée..... et bien d'autres encore ne manquaient pas de venir interroger la vieille sibylle qui, moyennant un peu d'or, disait aux uns et aux autres tout ce qui lui passait par la tête, et bien souvent avec un rare à-propos, une étonnante précision.

Cette prévision de l'avenir, encore une fois, donnait à dame Zabée une sorte d'autorité sur les gens du peuple; or, à cette époque, il faut convenir qu'à peu près tout le monde était peuple. Un *esprit fort* était alors une chose dont on n'avait pas la moindre idée. Tout le monde croyait..... au diable..... et, soit dit sans reproche, bien des gens craignaient encore plus le diable que le bon Dieu..... C'était vraiment pitoyable de voir l'esprit de superstition qui

régnait généralement en ce temps-là. Toutefois, il faut bien le dire, cette religion
mal entendue était encore préférable, dans
l'intérêt de la société, à n'en pas avoir du
tout. Il n'est besoin d'ajouter que nous ne
voulons faire allusion ici à aucune époque.

Ainsi ce n'était donc point pour lire dans
l'avenir que dame Zabée était un objet de
terreur, mais bien pour..... aller au sabbat!!!
C'était le nom de ces réunions exécrables,
nom qui leur avait été donné, parce qu'elles
avaient lieu ordinairement dans la nuit du
vendredi au samedi (*sabbatum*). Quoi qu'il
en soit, non seulement dame Zabée allait
au sabbat, mais elle y conduisait encore
les autres. En pouvait-on douter? elle avait
chez elle un bouc noir!!! une poule noire!!!
un chat noir!!! un manche à balai!!! et bien
d'autres choses plus que suffisantes pour y
aller incognito, et s'y transporter en un clin
d'œil. Et puis n'avait-on pas vu bien souvent, à la nuit tombante, entrer chez elle
maintes personnes que l'on n'avait pas vues

ressortir?... Que répondre à cela?... c'était évident..... En fait de magie, de sorcellerie, on raisonnait, ou plutôt on déraisonnait ainsi au xve siècle.

Parmi ceux que l'on avait vus entrer chez dame Zabée, si l'on citait des gens de la plus basse classe, des gens du plus bas étage, on citait aussi des personnes du rang le plus élevé. Ainsi, par exemple, si l'on disait, sans trop de mystère, qu'on avait vu s'y glisser, dans l'ombre, certaine fille du sacristain de la cathédrale, certaine gouvernante de chanoine, certaine femme de procureur, certain usurier, certain publicain, etc., etc., on disait aussi, mais bien bas, mais au tuyau de l'oreille, mais entre quatre-z-yeux, qu'on avait vu s'y introduire, sous un faux déguisement, un échevin, un doyen de la cité, la femme d'un magistrat, et, le croirait-on? la femme du gouverneur, madame de Lénoncourt elle-même (1)!!! Et

(1) Voyez, comme pièce justificative de ces assertions, la note placée à la fin de cette première nuit.

c'était bien dans l'intention d'aller au sabbat
que tout ce monde-là, grands et petits, s'é-
taient rendus chez dame Zabée. N'avait-on
pas choisi la nuit du vendredi au samedi?
Certes, le cas était clair....., la preuve était
sans réplique... Mais laissons là dame Zabée,
et revenons à notre sujet ; oui, allons
au sabbat, c'est l'heure et le moment où
tout le monde y court..... il est minuit!!!

Voyez, déjà le mouton noir a paru dans
la nue !!! A ce signal, tous ceux qui ont fait
pacte avec Satan sont, au même instant,
réveillés après leur premier somme , et
transportés, en un clin d'œil, au lieu du
rassemblement, c'est-à-dire au sommet du
Méphistophélesmont. Voyez, déjà ce mont
sauvage est traversé, en tous sens, par des
figures fantastiques à califourchon, qui sur
des boucs, qui sur des manches à balai,
qui sur des ânes, qui sur des chats , qui.....
Ce serait à n'en pas finir, si je voulais
énumérer tous les êtres sataniques de
cette satanique cavalcade..... Quoi qu'il en

soit, ce sont des hou! hou! des ricanements, des glapissements, des hurlements à vous fendre la tête:

— Par ici, disent les uns.

— Par là, disent les autres.....

— Vite! vite! dit celle-ci.....

— Dormiras-tu toujours? dit celle-là.....

— En avant! en avant! s'écrie la foule haletante et échevelée; en avant!..... Et hommes et femmes, et filles et garçons, et jeunes et vieux, et beaux et laids, et gens et bêtes, tout ça grouille, se mêle, se frôle, se heurte, se croise, se confond d'une manière inextricable et horrible à voir.....

Soudain Belzébut paraît!!! Il vient de sortir tout petit d'un grand vase, et a grandi, en un instant, de telle sorte, que sa taille égale celle des arbres les plus élevés. Belzébut a une espèce de face humaine, mais elle n'est pas tout-à-fait à la place ordinaire, ou plutôt elle est aux antipodes..... Le lecteur comprend sans doute..... Je dis cela pour ceux qui n'ont jamais été au sabbat.....

Belzébut a des cornes, et de ces cornes jaillit une sorte de lueur blafarde, mais suffisante pour éclairer l'assemblée... ses mains sont crochues.... ses pieds sont fourchus..... l'on s'aperçoit encore qu'il s'efforce de cacher, sous sa robe noire, une longue queue d'âne dont il paraît être fort honteux..... Sa voix est effroyable..... jusqu'à faire trembler le sol quand il parle !!!..... Son air est celui d'une personne mélancolique.... ennuyée....

. . . .

Il était temps vraiment que Belzébut se montrât, car la confusion était à son comble dans cette bagarre infernale..... A un geste que je ne saurais décrire, soudain toute cette cohue se trouva rangée en rond autour de lui, et, presque au même instant, la ronde du sabbat fit retentir au loin les échos du sommet du Méphistophéles-mont.

RONDE DU SABBAT.

CHŒUR GÉNÉRAL DES SORCIERS ET DES
SORCIÈRES.

Il est minuit!
L'heure est sonnée,
Passons, sans bruit,
Tous par la cheminée.
Il est minuit! courons, courons tous au sabbat!
Ah! ah!
Prenons, en guise de voiture,
Un bouc, un âne pour monture,
Ou grimpons à califourchon
Le manche à balai de Fanchon,
Fanchon, Fanchonnette,
Fanchon la brunette....
Il est minuit!
L'heure est sonnée,
Passons, sans bruit,
Tous par la cheminée.
Il est minuit! courons, courons tous au sabbat!
Ah! ah!

UN CORYPHÉE DU SABBAT.

Allons danser, au clair de lune,
Sous le chapeau des champignons;
Venez, venez, bons compagnons!
Que chacun mène sa chacune.

CHŒUR.

Il est minuit! etc.

UN CORYPHÉE.

Voici venir mamsell' Javotte ;
Avec son beau coqueluchon ;
Voyez , en guise de manchon ,
Devant elle elle a mis sa hotte.

CHOEUR.

Il est minuit ! etc.

UN CORYPHÉE.

D'Alix admirez la parure ,
Elle a de la poudre et des poux ,
Et des cornes pour son époux.....
Alix se connaît en coiffure.

CHOEUR.

Il est minuit ! etc.

UN CORYPHÉE.

C'est madame Angot qui s'apprête ;
Sur sa tête elle a , sans façon ,
Retroussé chemise et jupon ,
Cela fait l'effet de cornette (1).

CHOEUR.

Il est minuit ! etc.

(1) Ces quatre premiers couplets donnent une idée des déguisements qui étaient d'obligation pour aller au sabbat. (Voyez tous les démonographes.).

UN CORYPHÉE.

Voici Fleurant l'apothicaire,
Sa seringue pointue en main :
C'est bien, l'ami Fleurant, c'est bien,
Mais, croyez-moi, passez derrière.

CHŒUR.

Il est minuit ! etc.

UN CORYPHÉE.

Voici maître Subtil, notaire,
Toujours flattant le survivant ;
Passez, l'ami, passez devant,
La loi le veut dans cette affaire.

CHŒUR.

Il est minuit ! etc.

UN CORYPHÉE.

Avocats, procureurs et autres,
Venez faire ici de l'esprit.....
Venez, mais entre nous soit dit,
Ne faites pas les bons apôtres.

CHŒUR.

Il est minuit ! etc.

UN CORYPHÉE.

Entrez aussi, fils d'Esculape,
Et venez danser avec nous.....
Satan nous venge enfin de vous ;
Voyez, comme nous il vous happe.

CHŒUR.

Il est minuit ! etc.

UN CORYPHÉE.

Çà ! parvenus, faites-nous rire,
Vous dont tout le mérite est l'or,....
Hier vous n'étiez rien encor,
Oui, l'or seul du néant vous tire.

CHŒUR.

Il est minuit ! etc.

UN CORYPHÉE.

Venez, ô vous, femmes aimables,
Victimes de maris jaloux.....
Venez, venez les donner tous,
Ces vieux jaloux, à tous les diables.

CHŒUR.

Il est minuit ! etc.

UN CORYPHÉE.

Prudes, prenez un air affable,
Venez ici, ne craignez rien,
Venez voir le beau magicien :
Ici le diable est un bon diable.

CHOEUR.

Il est minuit ! etc.

UN CORYPHÉE.

Filles qui fûtes imprudentes,
Ici tous chats sont gris, venez.....
Nous n'y regardons de si près,
Le diable a les mœurs indulgentes.

CHOEUR.

Il est minuit ! etc.

UN CORYPHÉE.

Venez aussi, vieilles coquettes ;
Venez, diables de quarante ans.....
Mais, pour Dieu, quittez les amants,
Et prenez toutes des cornettes.

CHOEUR.

Il est minuit ! etc.

UN CORYPHÉE.

Vieilles que l'on sent d'une lieue,
Venez, mais plus d'amour..... l'amour,
C'est pour vous, soit dit sans détour,
Tirer le diable par la queue.

CHOEUR.

Il est minuit ! etc.

UN CORYPHÉE.

Galants, soyez tous de la fête,
Ici l'amour a des trésors.....
Oui, l'amour a le diable au corps,
Oui, l'amour a le diable en tête.

CHOEUR.

Il est minuit! etc.

UN CORYPHÉE.

Venez, gens d'esprit, gens capables,
Qui n'avez pas le sens commun.....
Parmi vous, il n'en est pas un,
Qu'on n'enverrait à tous les diables.

CHOEUR.

Il est minuit ! etc.

UN CORYPHÉE.

Auteurs, venez avec nous autres ;
Vos ridicules, vos travers,
Et surtout vos burlesques vers,
Vous donnent droit d'être des nôtres.

CHŒUR.

Il est minuit ! etc.

UN CORYPHÉE.

Entre, satirique au teint hâve,
Plume vendue aux vils écrits.....
Offre au diable tes vers maudits,
A l'enfer tes poisons, ta bave.

CHŒUR.

Il est minuit ! etc.

UN CORYPHÉE.

Viens, journaliste, à notre ronde ;
Mais marche droit, plus de détour.....
C'est mal de hurler tour à tour,
Vive le roi ! vive la fronde !

CHŒUR.

Il est minuit ! etc.

UN CORYPHÉE.

Venez aussi , rois sans royaumes',
Parmi nous , pauvres insensés !
Vraiment , vous serez bien placés :
Vous n'êtes plus que des fantômes.

CHŒUR.

Il est minuit ! etc.

UN CORYPHÉE.

Venez aussi , jeunes princesses ,
Venez , montrez-nous vos poupons.....
Mille indulgences et pardons
Sont pour les royales faiblesses.

CHŒUR.

Il est minuit ! etc.

UN CORYPHÉE.

Quant à vous tous , infâmes traîtres !
Ici ne portez point vos pas.....
Le diable même ne veut pas
De ceux qui trahissent leurs maîtres.

CHŒUR.

Il est minuit ! etc.

UN CORYPHÉE.

Sortez aussi, prêteurs infâmes!
Satan ne ferait rien de vous......
Au diable n'avez-vous pas tous
Depuis long-temps vendu vos âmes.

CHŒUR.

Il est minuit !
L'heure est sonnée,
Passons, sans bruit,
Tous par la cheminée.
Il est minuit ! courons, courons tous au sabbat !
Ah ! ah !
Prenons, en guise de voiture,
Un bouc, un âne pour monture,
Ou grimpons à califourchon
Le manche à balai de Fanchon.
Fanchon, Fanchonnette,
Fanchon la brunette......
Il est minuit !
L'heure est sonnée,
Passons, sans bruit,
Tous par la cheminée.
Il est minuit. courons, courons tous au sabbat !
Ah ! ah !

Et toi, lecteur!
Viens aussi, si tu l'oses..... viens..... voici

l'orgie haletante..... elle est là..... pâle, échevelée, demi-morte..... Son sanctuaire est de pourpre et d'or..... dessous, sont des ossements qui se meuvent..... on dirait entendre des malheureux que la terre a recouverts avant qu'ils n'eussent rendu le dernier soupir..... Sur l'autel, l'encens fume devant une image lugubre, obscène, immonde..... Cette horrible Baal, cette prostituée éhontée semble sortir du plus profond de l'abîme et se perdre au sein des nues...... Des femmes, ou plutôt des furies dansent à l'entour..... Le sang ruisselle de tous côtés..... car, vois-tu, les sacrificateurs, que dis-je? les bourreaux sont là qui immolent..... des victimes humaines!!! et, au milieu des râlements de cette épouvantable agonie, des fantômes couvrent de baisers d'autres fantômes..... Regarde, si tu le peux..... Eh bien! comprends-tu ce plaisir infernal?..... comprends-tu cette volupté effrénée qui savoure le meurtre?..... comprends-tu cette soif du sang qui se

meurt d'enivrement?..... Tout cela est ici.....
là..... dans un épouvantable pêle-mêle.....
Ah! je le vois, tu ne comprends pas ces
secrets terribles?..... non, tu ne les comprends pas...... Eh bien! détourne les
yeux..... retire-toi!!!

Et maintenant, si je disais les noms de
tous ceux qui se trouvèrent à cet horrible
rendez-vous..... que de fronts pâliraient!!!
Mais non, ces mystères d'iniquité doivent
à jamais rester ensevelis dans l'oubli le
plus profond..... Non! je ne dirai rien.....
je l'ai su pourtant..... Un jour..... par hasard, le livre noir, le livre du sabbat m'est
tombé sous la main..... mais je l'ai refermé
bien vite, et, depuis..... j'ai tout oublié.....
tout..... je me trompe..... les noms de deux
malheureuses victimes me sont seuls de-
meurés dans la mémoire..... Ces noms.....
je vais vous les dire..... c'étaient ceux.....
d'Honorine et d'Hyacinthe!!!

Hélas! le livre noir ne se trompait pas.....
ces deux amants, en effet, visitèrent dans

cette nuit épouvantable les sommets du Méphistophélesmont; ils furent témoins des mystères abominables, des rites affreux qui s'y célébrèrent. Toutefois, par un reste de pudeur, ou plutôt peut-être pour savourer plus librement la coupe enivrante de la volupté, Honorine avait obtenu, dit-on, de dame Zabée, un charme qui rendait invisible. Grâce à ce talisman, Honorine et son bien-aimé, le jeune et beau Hyacinthe, purent se dérober à tous les regards, et boire à longs traits, dans un mystérieux tête-à-tête, le nectar si doux de l'amour.

Toutefois, il fallait bien que des traces de cette horrible nuit demeurassent éternellement..... Il fallait bien qu'un signe indélébile stigmatisàt chacun des convives de cet épouvantable festin..... N'était-il pas juste que Belzébut connût les siens?..... ceux-là qui, par d'affreux serments, par de sacriléges évocations, avaient renié leur Dieu, pour se donner corps et âme à l'esprit de ténèbres?.....

Aussi, dès que les chants d'une infâme allégresse eurent cessé, et, avec eux, des rites encore plus infâmes, Belzébut fit le tour de l'assemblée, et, de son noir ergot touchant chacun des assistants, les stigmatisa d'un signe affreux, ineffaçable, impossible à décrire, impossible à nommer..... Ainsi l'on voit, aux champs désolés de la Grève, le ministre vengeur des décrets impitoyables de Thémis, imprimer, avec l'acier brûlant, le sceau de l'infamie sur le corps palpitant de ses victimes..... Honorine, Hyacinthe, fûtes-vous stigmatisés de ce sceau réprobateur?..... Je l'ignore..... la beauté, la jeunesse, l'amour trouvèrent peut-être grâce dans cette nuit infernale.

Cependant les poisons les plus subtils sont préparés..... chacun en est pourvu..... qui pour son mari, qui pour sa femme, qui pour son père, qui pour son amant, qui pour son ennemi, qui pour le prince, qui..... personne n'est oublié..... Les poignards sont ensuite aiguisés..... chacun en reçoit un..... Mille crimes horribles sont machinés..... mille trames sont ourdies..... Puis les chants recommencent..... puis vient *l'adoration*..... La dissolution est portée à son comble.... Par trois fois le Méphistophélesmont tremble sur ses vieux fondements..... On entend alors des cris étranges qui n'appartiennent point à des poitrines d'hommes..... puis de longs éclats d'un rire ironique..... puis des râles affreux, comme si tous les suppliciés du gibet de Montfaucon eussent exhalé le dernier soupir..... Tout cet infernal charivari est accompagné de plaintes de vents, de bruissements de feuilles, de vagissements de nouveaux-nés, de ferraillements de fossoyeurs, de cris d'orfraies, de hiboux, de glas de cloches fêlées, de frôlements de suaires, de craquements de vieux arbres, de lamentations de vierges outragées, de souffles de fantômes, de miaulements de chats, de hurlements de chiens, de braiements d'ânes..... enfin de toutes les harmonies sataniques qui s'élèvent des lieux où la chair souffre, où l'âme pleure, où la vie s'éteint, où l'héritier triomphe, et, d'un rire sardonique, se moque du défunt.

Cependant, à un signal de Belzébut, la troupe infernale de nouveau tourbillonne, puis la ronde du sabbat pour la seconde fois fait retentir les échos..... et, de ses refrains, vient épouvanter les paisibles habitants de la cité.... Mais soudain le coq a fait entendre son cri d'amour et de victoire..... A ce signal, l'orgie s'est évanouie... et, pareilles à la fumée chassée par l'aquilon impétueux, se sont effacées les ombres enfantées par cette nuit de délire (1).

(1) Ces pages pouvant paraître singulières, pour ne pas dire davantage, à bien des gens, nous croyons devoir les appuyer de la pièce justificative suivante, tirée de la *Chronique du doyen de saint Thiebault*, citée par dom Calmet, *Histoire de Lorraine*, tome II, *Preuves*, page cclviij.

« En celle année (1445), furent prinses en *la cité de* » *Verdun*, iij femmes, sorcières et servantes de tous les » ennemys d'enfer, lesquelles feirent très-énormes péchez; » especialement de faire par jour mauvais ars tonner, » graller, et diverses tempestes, tellement que plu-

Et déjà, sur la cime du Méphistophélesmont alors désert, paraissent les premières
lueurs de l'aube blanchissante, douces
avant-courrières de ce flambeau du monde,
qui s'élève des flancs de la cime orientale,
et, tel qu'un géant superbe, va parcourir

» sieurs fins de bled, de vignes, de moixons furent tem-
» pestées et mises à ruyne. Item, la première s'appelloit
» Jennette, et estoit boitouse, et fut jadis prinse à chastel
» de Sainct-Germain pour ledit cas, et fut relaschée, mais
» elle fut signée de fer chault en visaige, et commendoit sur
» à estre arse, que plus n'en usoit ; néanmoins elle ésistant
» au lieu de Verdun, recheust en laditte heresie et crimes,
» par laquelle rancheute elle fut par jugement eschaidée
» publiquement, et incontinant elle fut arse, et le nom
» d'elle en lour sinagogue de diablerie ot nom Hochatte,
» et son maistre Cloubault, et faisoit hommaige à son
» maistre de baisier son par-derrier. Item, l'autre avoit
» nom Jehenne, en sinagogue Chamet, et sa maistresse,
» Morquelsse, et son maistre, Carbolette ; et faisoit hom-
» maige à son maistre de baisier son dos. Item, la tierce,
» qui estoit *femme dou maistre eschevin de Verdun*, ot nom
» Didat, et en son sinagogue Hapillat, et sa maistresse, Jacu-
» bée, et son maistre, Grissepanier ; *et faisoit hommaige à*
» *son maistre de baisier en la bouche.* Item, en oultre que
» laditte Jennette et Jehenne faisoient hommaige à lour
» maistre, chacune d'une poulle ; et la *femme du maistre*
» *eschevin, des rogneulles de ses chavoulx et de ses ongles, et*

l'Empirée, verser aux mortels des flots de lumière, et répandre sur les guérets des trésors inépuisables de chaleur et de fécondité.

» *ne fut point arse* ; mais les ij autres furent très-bien arses,
» et bruslées, et mortes.

  » Item, en celle année (1445) fut prins ung boin homme
» de Ville, appellé..... en la vill de Xeulle, pour la matière
» desd. femmes dessusd., et fut gecteit en la rivière, du
» commandement des seignours de ladicte ville de Xeulle. »
(*Histoire de Lorr., Chroniq. du idem, idem*, t. 2 ; *Preuves*,
p. cclix.)

Ces deux citations, qui n'ont pas besoin de commentaires, justifient suffisamment tout ce que nous avons avancé d'incroyable dans cette Nuit du sabbat. Voyez, pour de plus amples renseignements, tous les démonographes.

Septième Journée.

Cependant deux personnages d'assez mince apparence, et montés sur deux mules, s'étaient présentés au petit guichet de la Bastille. A un signal qu'ils firent, auquel on répondit de l'intérieur, l'huis fut ouvert, et aussitôt refermé sur eux. Ces deux individus étaient mis fort simplement, pour

ne pas dire plus; mais celui qui paraissait
le plus âgé était vêtu encore plus mesqui-
nement, s'il est possible, que son compagnon. Ce dernier, jeune encore, paraissait
doué d'une grande force corporelle, à en
juger par sa barbe noire, épaisse, ses larges
épaules, son corps trapu, ses membres
musculeux. Toutefois son extérieur était
sans grâce, on aurait presque pu dire igno-
ble. L'expression dure, sauvage de sa phy-
sionomie, avait je ne sais quoi de sinistre
qui inspirait tout d'abord la crainte et le
dégoût. On ne pouvait le regarder sans
éprouver une sorte de frisson. A voir son
air morne, sombre, farouche, il avait dû
être témoin de bien des infortunes, et la
mort, avec toutes ses angoisses, avait sans
doute passé bien souvent devant ses yeux
fixes, ternes, d'un noir caverneux. En résumé, l'effroi qu'inspirait cet homme semblait s'échapper de tous ses pores; à tel
point que, ne l'eût-on vu qu'une seule fois,
son horrile souvenir vous demeurait là.....

ou plutôt vous poursuivait sans cesse comme
un affreux cauchemar. Son compagnon,
beaucoup plus âgé que lui, à en juger par
sa démarche lente, valétudinaire, avait le
regard singulièrement humble, ou plutôt
faux et hypocrite. Une sorte de tic sardonique simulant le sourire venait de temps
en temps effleurer ses lèvres pâles et décolorées. Son coup d'œil, flamboyant par
intervalle comme l'éclair qui sillonne la
nue, semblait vous demander compte de
toutes vos pensées, de toutes vos actions
passées et futures. Toutefois sa physiono-
mie était des plus communes et annonçait
quelqu'un des dernières classes du peuple.
Une espèce de bonnet de velours noir tout
râpé, orné de deux ou trois colifichets
qu'on aurait pris pour des amulettes, couvrait entièrement sa tête, et laissait à peine
entrevoir quelques cheveux rares et gras.
Un pourpoint également noir, des chausses
non moins râpées que tout le reste, complétaient le bizarre accoutrement de cet

homme. On pourrait résumer en deux mots ces deux êtres mystérieux, en disant que, chez l'un et chez l'autre, il y avait quelque chose du chat et du tigre.

Devant eux marchaient en silence un porte-clefs et un guichetier; c'étaient leurs guides dans ce dédale inventé pour punir le crime, mais qui, bien plus souvent, ne servit qu'à satisfaire les atroces, les iniques vengeances du pouvoir..... De temps en temps des soupirs étouffés, de sourds gémissements, des cris entrecoupés se faisaient entendre, et parvenaient aux oreilles des deux visiteurs, qui se jetaient alors un coup d'œil d'intelligence, mais sans dire une seule parole. Les murs de ce triste séjour semblaient suer le sang; l'air que l'on y respirait était celui de la mort..... Des portes basses, étroites, toutes couvertes de fer, de verroux, des escaliers tournants se perdant dans l'ombre se rencontraient à chaque pas. Par intervalles, un cliquetis de chaînes, ou bien le sourd mugissement

de quelques uns de ces instruments inventés pour torturer les coupables, venaient glacer d'effroi le cœur. Souvent encore, à des pleurs, des supplications, des
gémissements, des imprécations, des hurlements effrayants, succédait un silence
plus effrayant encore..... C'en était fait..... le
malheureux avait sans doute succombé......
la victime avait consommé son sacrifice.....
Car ce silence, c'était..... celui de la
mort!!!... Enfin, pour qu'il ne manquât
rien à cette affreuse demeure, venaient d'y
arriver les deux êtres hideusement repous-
sants dont nous venons d'esquisser le portrait.

Après avoir fait mille détours, franchi
maintes portes, maints guichets qui se re-
fermaient aussitôt, ils parvinrent sous les
voûtes d'une salle immense, soutenue par
des piliers, et éclairée seulement par une
lampe suspendue au faîte d'un de ces piliers. La lueur qu'elle répandait était si
faible, qu'au premier abord, en entrant

dans cette vaste salle , il était difficile, pour
ne pas dire impossible, de juger de son
étendue..... Après quelques instants d'hé-
sitation , le guichetier désigna du geste,
et vers l'endroit le plus obscur, une espèce d'enfoncement... Puis lui et le porte-
clefs se retirèrent, en s'inclinant profondément.

Lorsque le bruit des pas de ces deux
hommes se fut tout-à-fait éteint dans le silence, le plus âgé des deux visiteurs dit
à l'autre , en lui parlant presque à l'oreille
et à voix très basse :

— C'est donc là où vous avez logé votre
capture ?..... Etes-vous sûr, au moins, qu'elle
y soit en sûreté ?.....

— Oh ! j'en réponds ; l'oiseau n'est pas de
force à briser sa cage.

— A la bonne heure..... Je me repose sur
vous, entendez-vous bien ?

— Soyez sans inquiétude.

— Allons, puisque vous me l'assurez, je
le veux croire..... car je pense que vous

avez bien pris toutes vos précautions.....
toutes vos mesures..... tout ce que l'on doit
prendre en pareil cas , enfin.....

— L'oiseau , vous dis-je , n'aura sa liberté
que lorsque vous le voudrez.

— Comme ça fait du bien de tenir ses ennemis sous les verroux ! Pasques-Dieu, mon
compère , c'est une belle invention que
celle-là !

— Hem ! qu'en dites-vous ?

— Comme on est à son aise ! comme on
dort tranquillement !

— Je le crois bien, et puis..... Le compère
n'acheva pas.

— Et puis ?..... fit son compagnon en l'in-
terrogeant des yeux.

— Eh bien ! je voulais dire que si l'oiseau
fait le mutin... on inspire quelque crainte...
on coûte trop cher à élever , alors.....

— Alors ?.....

— Alors, sans bruit..... Et le compère
de faire un geste très significatif.

— L'idée n'est pas neuve, mais elle n'en

est pas moins bonne pour cela, reprit l'autre en souriant.

— Reposez-vous sur moi, et.....

— Oh! oh! je sais de longue main tout
ce que vous savez faire..... mais nous
avons le temps de prendre ce parti-là.....
nous n'y aurons recours qu'à la dernière
extrémité..... car, voyez-vous, l'oiseau est
de belle et bonne race..... et il serait à
craindre que mon frère le duc de Bourgogne et l'évêque de Rome ne se fâchassent,
si l'on en venait là .... Vous savez déjà toutes les belles remontrances qu'il m'a fallu
endurer de leur part..... mais ils ont beau
faire et beau dire, je tiens l'oiseau, et.....
je le garderai.

— Bah! si j'étais que de vous.....

— Eh bien! que feriez-vous?

— Ma foi! je m'en débarrasserais..... j'en-
tends de l'oiseau, et j'en enverrais les plu-
mes à tous ces bavards; ce serait, soyez-en
sûr, le meilleur moyen de les faire taire.

— Attendons, attendons, vous êtes tou-

jours pressé, mon compère..... Le moment
n'est pas encore venu..... et puis, ce qui
est différé n'est pas perdu..... plus tard nous
verrons ça..... Mais, si nous nous appro-
chions de l'oiseau..... Tenez, examinez un
peu par ce petit vasistas secret ce qu'il fait
dans sa cage.

— Oh! avec le peu d'espace qu'il a, il ne
peut pas faire grand'chose, ni aller bien
loin.

— Au fait, n'est-il pas bien temps qu'il
se repose un peu, après avoir tant intrigué?
fit l'homme au bonnet de velours noir, en
laissant échapper une sorte de sourire sardonique.

— D'accord, répondit le compère avec un
grand sang-froid.

— Approchons-nous sans bruit..... Voyez
d'abord, mon compère.

Et ce dernier d'appliquer un de ses
yeux à l'extrémité d'une espèce de petit
tuyau qui se perdait dans l'épaisseur du
mur.

Après un moment de silence, l'homme au bonnet de velours noir dit à voix basse à son compagnon :

— Eh bien! l'apercevez-vous?..... que fait-il?..... comment se comporte-t-il?.....

— Mais, pas trop mal..... il lit, je crois, et....

— Il lit!..... Pasques-Dieu! est-ce qu'il machinerait encore quelque chose?.....

— Ah! il peut machiner tant qu'il voudra, je lui défie bien d'agir..... Au reste, ne le calomnions pas, car il paraît fort tranquille.

— Le malheureux!..... Allons, retirez-vous, que je l'examine à mon tour.

Et l'homme au bonnet de velours noir de remplacer le compère au petit vasistas.

Puis, après un moment de silence :

— Pasques-Dieu! je n'en reviens pas; être si tranquille dans un si triste séjour!

— Cela vous étonne?..... répondit le compère en souriant.

— Comment!..... mais il me fait l'effet

d'être là, dans sa cage de fer, cent fois
moins soucieux que moi je ne le suis dans
mon palais!.....

— C'est pourtant comme cela.

— Eh bien! cela me passe.

— Allons! n'allez-vous pas envier son
sort?..... cela serait beau, morbleu!

— Tenez, mon compère, cela n'est pas
naturel; il paraît trop indifférent, trop ré-
signé, pour que je n'aie pas encore des
craintes, et.....

— Allons donc! vous plaisantez.

— Oui, vous dis-je; tant de résignation.....
d'indifférence..... m'inquiètent au dernier
point.

— Oh! oh! ne vous y fiez pas à cette résignation, à cette indifférence..... elles ne sont
qu'apparentes..... oui, vous pourriez vous
tromper..... Ah! si vous voyiez le fond de son
cœur!..... Au reste, il y a, comme on dit, des
grâces d'état..... et le malheureux, dans sa
position, y a bien quelques droits; et puis,
après tout, nous ne pouvons pas exiger

qu'il se désespère, qu'il se casse la tête au mur..... non, nous sommes trop humains pour cela..... Nous voulons seulement qu'il soit bien verrouillé,.... dans l'impossibilité de nous nuire, en un mot..... Or, d'après les précautions que j'ai prises, j'ai lieu de penser avoir atteint ce but.

— Pasques-Dieu ! mon compère, c'est affaire à vous de *boucler* (1) un homme..... et je commence à croire qu'il serait fort difficile, pour ne pas dire impossible, au malheureux de s'esquiver.

— Vous êtes donc rassuré maintenant ?

— A moins de quelque miracle.....

— Dites plutôt : à moins que je ne fasse ouvrir les portes de sa cage.....

— S'il attend cela pour sortir, il attendra encore long-temps..... reprit l'homme au bonnet de velours noir, avec ce sourire sardonique que vous lui connaissez.

— A la bonne heure.

— Mais si nous entrions près de lui?.....

(1) Cette expression est empruntée à l'argot des prisons.

qu'en dites-vous, mon compère?..... Il me
semble qu'il n'est pas trop mal de faire parler les gens..... on attrape toujours, par ce
moyen, quelque chose, même des plus
fins.

— Oh! oh! quand bien même vous lui
parleriez cent ans, vous n'en seriez guère
plus avancé pour cela,.... le chrétien est
rusé.....

— Entrons toujours..... Vous n'y voyez
pas d'inconvénient, n'est-ce pas, mon compère?

— Aucun; mais, je vous le répète, le
gaillard est madré, et vous ne lui tirerez
pas les vers du nez.

— J'en sais bien quelque chose; mais.....
suffit..... Quoi qu'il en soit, faisons une visite à ce malheureux..... donnons-lui un
peu d'air..... avec précaution, s'entend!.....
Vous êtes bien sûr qu'il n'y a pas de dan-
ger..... que..... prenez-y garde! au moins,
mon compère.....

— Eh! mon Dieu! tranquillisez-vous

donc..... c'est vraiment l'impossible que vous redoutez dans ce moment.

Et, en disant ces mots, le compère s'étant approché d'une petite porte basse qu'on apercevait à peine, tant était grande l'obscurité de cette vaste salle, fit mouvoir un ressort secret..... Soudain un sourd mugissement, semblable à celui d'une lourde porte qui roule lentement sur des gonds à demi-rouillés, se fit entendre, et, dans l'instant, une lueur blafarde s'échappa d'une espèce de passage fort étroit et si bas qu'il ressemblait bien plus à l'entrée d'une caverne; aussi était-il aisé de juger qu'il faudrait beaucoup se baisser pour s'y introduire. Ainsi firent les deux personnages qui, rampant plutôt qu'ils ne marchaient, parvinrent avec peine à se glisser dans une pièce assez grande, au milieu de laquelle s'élevaient comme de forts madriers à claire-voie, ayant quelques huit pieds de haut, autant à peu près de large, et à travers lesquels quelque chose de ressemblant à un être vivant se mouvait lentement et péniblement (1).

Au bruit que les deux visiteurs avaient fait en entrant, cet être vivant (car c'était bien un homme enfermé dans une cage de bois garnie de fer), cet être vivant fit entendre un long soupir..... On aurait dit ce cri d'effroi qui s'échappe de la poitrine haletante d'un malheureux mortel tourmenté, dans le silence des nuits, par un songe pénible, et qui vient tout-à-coup de se réveiller en sursaut. Toutefois, cet infortuné, dont les regards inquiets annonçaient la crainte bien plus encore que la douleur, parut soudain comme saisi d'une sorte de mouvement convulsif à la vue de ces deux hommes qu'il considérait attentivement, et qu'il semblait reconnaître. Presque subi-

(1) On voyait encore, avant la première révolution, dans les prisons épiscopales de Verdun, une cage semblable, pour y enfermer les ecclésiastiques déréglés. On croit que cette cage avait été faite par les ordres de Guillaume de Haraucourt, et qu'il en avait donné le modèle. (Voyez *Histoire de Verdun*, par Roussel.)

tement alors, l'indignation remplaça l'effroi dans tous ses traits, et se levant fièrement de dessus le petit escabel sur lequel il était assis, sa haute stature, par une sorte de pouvoir surnaturel, sembla soulever le faîte de son étroite prison..... Dans ce moment, son regard avait je ne sais quoi d'inspiré..... son œil était en feu..... son geste était presque menaçant, et, malgré l'état visible d'esclavage où il était plongé, on aurait dit qu'il défiait encore les deux inconnus, saisis d'étonnement et de stupeur, j'allais presque dire d'admiration, qui le contemplaient en silence.

—Venez-vous briser mes fers? s'écria-t-il soudain d'une voix forte et impérative en s'adressant à l'homme au bonnet de velours noir; ou venez-vous terminer mes souffrances..... et rompre par un nouveau crime le fil de ma triste existence?.....

Et les deux inconnus, stupéfaits de tant d'audace, de se regarder en silence.

— Ah! oui, je ne le comprends que trop,

reprit encore sur le même ton l'homme à la cage de fer; c'est plutôt pour insulter à mon malheur, c'est plutôt pour se repaître de mes angoisses qu'il faut que je voie descendre, dans ce sombre cachot, le roi de France et son digne acolyte!

Et en effet l'homme au bonnet de velours noir, c'était Louis XI lui-même; son compagnon, c'était Tristan l'Hermite, l'exécuteur des vengeances du monarque, et l'infortuné prisonnier qui gisait dans une cage de fer, c'était Guillaume de Haraucourt, évêque de Verdun (1).

A cette brusque apostrophe, il n'y avait plus moyen de faire la sourde oreille: il fallait une réponse quelconque. Le roi ne la fit pas attendre. Toutefois, aussi habile à dissimuler qu'enclin à punir, ses traits, ses gestes prirent soudain une tout autre ex-

(1) Louis XI ayant découvert la trahison de Guillaume de Haraucourt, évêque de Verdun, et du cardinal de La Balue, les fit arrêter et enfermer dans des cages de fer, où ils restèrent fort long-temps.

pression : la pitié, la compassion se peigni-
rent dans ses regards, dans le son de sa
voix. Il s'approcha *avec bonté* du malheureux, et d'un ton affectueux, d'un air qui
aurait pu donner à penser qu'il portait à
l'infortuné prisonnier le plus vif intérêt, la
plus tendre commisération, je dirais presque la plus sincère amitié, il s'écria :

— Ah! monsieur de Haraucourt, que je
suis marri de vous voir en cet état! que vous
me faites peine!..... Vraiment, les rois sont
bien à plaindre d'être obligés d'avoir sous
les yeux de si affligeants spectacles, et.....

— M'est avis cependant que vous seriez
bien le maître de vous éviter ce spectacle,
s'il était pour vous aussi pénible que vous
le dites, et qu'un mot, un seul mot de votre
part.....

— Eh! mon Dieu! non, monsieur de Haraucourt, je ne suis pas le maître.

— Vous n'êtes pas le maître?..... eh! qui
donc le serait ici?..... Pardieu! si ce n'était
ma triste position, je pourrais supposer

que vous voulez vous jouer de moi.... Croyez-vous par hasard que j'ignore que c'est par vos ordres?.....

— Pasques-Dieu! on vous a trompé, comme on me trompe tous les jours.

— Voilà qui est fort !

— Tenez, c'est au point que, figurez-vous, je suis entouré de gens qui, à tout propos, se font un jeu, un malin plaisir de cela. Demandez plutôt à mon compère que voici.

— Moi! j'interrogerais Tristan, cet infâme suppôt de vos vengeances!..... Ah! je sais trop.....

— Vous êtes dans une grande erreur, mon cher monsieur de Haraucourt; mon compère est l'homme le plus bénin de mon royaume, et.....

— Si vous pouviez parler sérieusement dans ce moment, je serais tenté de croire qu'effectivement vous êtes bien trompé! et.....

— Oh! oui, je le suis, et ça bien cruelle-

ment!. ... et, dans ce moment, votre triste
position ne me le prouve que trop !

— Eh bien ! soit; on vous a trompé, on
vous trompe tous les jours, on vous trom-
pera encore, reprit soudain l'évêque avec
feu; mais maintenant que vous savez ce
qu'il en est, faites cesser mon barbare sup-
plice, ouvrez les portes de mon affreuse
prison, rendez, rendez enfin le pasteur
à son troupeau désolé.

— Je vous proteste que, dès aujour-
d'hui, mon ministre, Olivier-le-Daim, sera
instruit de tout mon bon vouloir pour vous,
et pour mes chers et fidèles citains de Verdun.

— Olivier-le-Daim! dites-vous? cette ab-
jecte créature que vous avez tirée de la
boue!.....

— Pasques-Dieu ! Olivier-le-Daim est
l'homme le plus intègre que j'aie jamais
connu; bien plus, il vous est très dévoué,
je vous assure; vous n'avez pas de meilleur ami que lui à la cour de France. Je

suis bien aise que l'occasion se présente de vous dire cela.

— Oh! c'est trop fort! et ma patience.....

— De grâce, calmez-vous, monsieur de Haraucourt; oui, je parlerai de vous à Olivier-le-Daim, et.....

— Mais c'est lui, le scélérat, c'est lui, non moins que vous qui avez rivé mes fers dans cette horrible prison!

— Tenez, je veux vous confier un grand secret..... Olivier m'a instruit qu'il vous avait fait conduire ici pour vous soustraire à des ennemis puissants, que vous aviez sans vous en douter, et qui peut-être..... Voyez quel service il vous a rendu là!.....

— Ne lui en devrai-je pas des remercie-ments?

— Oh! je ne veux pas dire cela! Olivier est trop désintéressé pour jamais rien demander à personne; je voulais seulement vous faire connaître les dangers que vous

aviez courus, et que vous courriez encore
si......

— Votre Olivier-le-Daim est un vil im-
posteur, un effronté menteur, un infâme
scélérat qui mérite la potence, et, tôt ou
tard.....

— Mon Dieu! ne vous fâchez pas, et
surtout contre ce pauvre Olivier!..... Pasques-Dieu ! c'est bien plutôt à moi de
m'emporter d'être ainsi trompé..... Ah!
si Olivier savait cela! s'il connaissait ceux
qui me trompent si méchamment !.....
Mais patience, il le saura, et..... son dévouement fera prompte et bonne justice.....
des coupables.

—Ce digne ministre vous aura aussi sans
doute rapporté que, du fond de ma prison,
je machinais contre vous; que.....?

— Ne parlons pas de cela, je sais qu'il
n'en est rien.

— Que j'étais lié avec le cardinal de La
Balue; que.....?

— Encore une fois, ne parlons pas de cela; je sais de reste que vous êtes incapable d'une pareille noirceur.

— Que j'indisposais votre frère..... que j'excitais le duc de Bourgogne..... que.....?

— Eh! mon Dieu, monsieur de Haraucourt, qui a jamais eu seulement la pensée de vous accuser de toutes ces choses-là? Oui, je proteste mille et mille fois que vous êtes incapable de pareilles trahisons, que vous en êtes parfaitement innocent. Pasques-Dieu! je ferais pendre sur-le-champ le malheureux assez osé, assez impudent pour venir seulement me dire la centième partie de tout cela!

— Eh bien donc! pourquoi suis-je ici?

— C'est ce que je vais éclaircir..... Reposez-vous sur moi et sur Olivier.....

— Encore votre Olivier!..... Pour Dieu! laissons ce misérable, et faites-moi seulement ouvrir les portes de mon horrible prison.

— J'y aviserai, et çà dès aujourd'hui.

— Savez-vous que S. S. me réclame..... qu'elle pourrait bien vous faire repentir de votre hardiesse?..... Comment! oser mettre la main sur l'oint du Seigneur!!!.....

—Ah! que j'ai de regret, monsieur l'évêque, que j'ai de douleur d'avoir été réduit, d'avoir été forcé à cette fâcheuse extrémité! Oui, je suis prêt à donner à S. S. telle satisfaction qu'il lui plaira de me demander.

—Prenez-y garde! Souvenez-vous de certains rois vos prédécesseurs!..... et surtout sachez bien que les foudres du Vatican ne sont pas en de débiles mains.

— Mon Dieu! monsieur de Haraucourt, je respecte, autant que personne, les foudres du Vatican, et je suis disposé à faire tous les sacrifices imaginables pour les conjurer.

— Sachez encore que des princes puissants s'intéressent à mon sort, et qu'il serait plus qu'imprudent de votre part de braver leur trop juste ressentiment.

— Hélas! je ne brave personne, et je ne désire que la paix et la concorde (1).

— Le fourbe ! se dit tout bas l'évêque.

— Encore une fois, je vous proteste que je ne désire que la paix, l'union.…, Pasques-Dieu ! on peut s'en rapporter à moi, et.....

— N'oubliez pas enfin que tôt ou tard le ciel punit les rois cruels, injustes, parjures..... Oui, craignez de lasser la patience *de celui de qui relèvent tous les empires* (2).

— Ah! monsieur de Haraucourt, je le sais, je l'avoue, je ne suis qu'un malheureux pécheur, digne de tout le courroux du

(1) Aucun prince ne sut semer plus habilement la discorde entre les rois ses voisins que Louis XI.

(2) On a cru pouvoir mettre dans la bouche d'un évêque les paroles célèbres qu'un autre évêque prononça du haut de la chaire évangélique , quelque deux cents ans plus tard.

ciel..... puisse-t-il avoir pitié de moi!
puisse-t-il.....

— L'infâme hypocrite! fit tout bas l'évêque.

— Puisse-t-il, ce Dieu qui m'a remis le sceptre entre les mains, puisse-t-il, au jour de sa colère, oublier mes innombrables iniquités! Moi qui lui crie merci tous les jours...... puisse-t-il!!!... Oui, monsieur l'évêque, oui, je vous en prie, je vous en conjure, ne doutez pas un instant de tout mon bon vouloir pour vous! je suis bien innocent, je vous proteste, de votre captivité! C'est contre mon gré, c'est contre ma volonté que cela s'est fait..... j'en prends à témoin le ciel!..... La raison d'État, cette malheureuse raison d'État qui me torture tous les jours, a enchaîné ma clémence. Ah! pardonnez-moi ce que je n'ai pu empêcher, ce qui a été plus fort que moi..... Pardonnez-moi, monsieur de Haraucourt, pardonnez-moi, je vous le demande en

grâce; oui, pardonnons-nous réciproque-
ment nos offenses, et un Dieu bon, un Dieu
miséricordieux nous pardonnera.

Ce dernier trait était trop fort; la décep-
tion était par trop grossière, par trop évidente; l'ironie par trop amère : l'évêque n'y
put tenir.

— Malheureux prince! s'écria-t-il soudain avec une voix de tonnerre, est-ce ainsi
que tu te joues de la divinité!..... Est-ce ainsi
que tu profanes les choses les plus saintes!....
Est-ce ainsi que tu insultes au malheur de
tes victimes!..... Va! tu ne m'en imposes
pas!..... ta ruse, ta fourberie, ne peuvent
me tromper..... Tes sentiments, je les connais..... le fond de ton cœur, je le vois.....
tes serments, je sais ce qu'ils valent.....
Va, je ne te crains pas, et je te méprise.....
Mon corps est entre tes mains, il est vrai.....
le vil ministre de tes lâches, de tes atroces
vengeances est là, devant mes yeux, à tes
côtés..... n'importe..... je ne te crains pas,
encore une fois; et ce Dieu que je n'ai ja-

mais outragé, ce Dieu auquel je n'ai jamais
menti, comme tu ne cesses de le faire, ce
Dieu qui brise les mauvais rois, ce Dieu
juste qui a permis sans doute, pour me
punir, que je tombe en ton pouvoir, saura
aussi, quand il le voudra, te pulvériser du
souffle de sa colère, et me tirer de tes mains
dégouttantes de sang..... Va, malheureux
prince! va conter tes victimes, va te repaître de leurs derniers soupirs..... Tâche ensuite, si tu le peux, d'oublier tes forfaits,
de faire diversion à tes remords, en récréant
ta vue, ton esprit par de riants tableaux,
par les jeux de l'innocence, par ses amours
purs, virginals..... Ou bien encore, par une
insigne profanation des choses saintes, en-
treprends des pèlerinages, fais des vœux.....
En la compagnie de pieux ermites, essaie
de te purifier, d'expier tes crimes..... Dans
l'espoir d'y trouver ce repos, ce doux sommeil qui te fuit sous les lambris dorés de
tes palais, va même jusqu'à faire ta couche des restes révérés des saints..... Ou bien,

par un contraste digne de ton âme abrutie,
quitte les sacrés parvis consacrés au culte
de Jehovah, pour descendre dans l'antre
obscur d'une sibylle..... Là, que ton esprit
superstitieux s'abandonne aux plus honteuses faiblesses, aux pratiques les plus ridicules, les plus coupables..... pour lire dans un
avenir qui t'échappe..... Enfin, par un
affreux raffinement, et pour calmer ces
maux cuisants, fruits de tes honteuses dé-
bauches, plonge-toi dans le sang d'innocentes victimes (1)..... Mais, hélas! c'est en vain
que tu appelles, dans ton affreux désespoir, la terre, le ciel, les enfers à ton
secours; il faut que la vengeance de ce
Dieu que tu as offensé s'appesantisse sur
toi; il faut, quoi que tu fasses, que tu
boives jusqu'à la lie le calice amer des remords..... il faut enfin que tu sois un grand
enseignement, un exemple terrible pour les

(1) Tous les reproches adressés par Guillaume de Haraucourt à Louis XI sont basés sur des faits historiques;
voyez *Comines*, *Bayle*, *Mézeray*.

rois et pour ton malheureux peuple que tu
tyrannises si lâchement..... Oui, pour ta
honte, ta confusion, ton éternel opprobre,
déroule le tableau de ta vie, en proie à
des terreurs continuelles..... montre ce
cœur déchiré de remords, souillé de crimes..... raconte ces douleurs incessan-
tes, suites de tes honteux débordements,
de tes crimes épouvantables..... redis tes
nuits si pénibles, tes nuits tourmentées
par des songes terribles, des spectres san-
glants..... tes nuits qui ne sont qu'un long,
qu'un affreux cauchemar..... tes nuits qu'un
doux sommeil n'a jamais rafraîchi..... montre encore ces noirs cachots, ces roues,
ces chaînes pesantes, ces horribles tortures,
ces atroces supplices que tu as inventés.....
montre-toi enfin toi-même, et, d'une voix
lamentable, d'une voix presque éteinte, dis
à ce peuple consterné, à ce peuple saisi
d'un mortel effroi, toutes les fois que,
semblable à un spectre hideux, tu lui appa-
rais : *C'est moi, moi seul qui suis coupable*

de tant de crimes ! c'est moi que le ciel pu-
nit ! c'est toi, mon peuple, c'est toi qu'il
venge, en appesantissant ainsi son courroux
sur moi !

Ainsi qu'on voit le laboureur éperdu contempler, dans un morne silence, les trésors de colère qu'un ciel de feu ou de glace vient de verser sur les guérets, de même aussi le monarque français vient de subir les menaçantes paroles, les terribles imprécations de l'évêque de Verdun. Atterré, foudroyé par cette voix de tonnerre, dont les éclats retentissent encore dans son cœur, Louis XI se repent, mais trop tard, d'être venu visiter, ou plutôt harceler sa victime, sa victime qu'il avait cru pouvoir braver impunément. A peine s'il ose jeter les yeux sur Tristan, qui n'est pas moins ému que lui. Guillaume qui s'aperçoit de l'effet électrique qu'il vient de produire, semble jouir de son triomphe; d'un regard flamboyant, fascinateur, que les barreaux de sa prison ne peuvent inter-

cepter, il achève d'écraser, de pulvériser
ses deux imprudents visiteurs. Ainsi l'éclair
étincelant perce les flancs d'un noir nuage
et fait pâlir d'effroi les peuples consternés.

Cette position était par trop critique;
l'entrevue ne pouvait se prolonger plus
long-temps. Tristan, qui avait moins ressenti les coups portés dans cette terrible
rencontre, osa, le premier, jeter un regard
furtif et honteux sur son seigneur et maître..... Comprenant de reste tout l'embarras
du monarque, il pensa bien mériter de lui
en le tirant le plus tôt possible de ce mauvais pas. Aussi fit-il; prenant le roi par la
main, il le conduisit jusqu'à l'étroit passage,
où l'un et l'autre disparurent comme deux
ombres, ou plutôt en rampant, comme ces
noirs et dégoûtants reptiles, gorgés de ve-
nin, repus de sang, qui se glissent en silence dans quelque antre ignoré, lorsque
les premiers rayons du soleil viennent éclairer le ciel.

Après avoir suivi, et toujours en silence,

les mille détours de ce dédale de douleur,
les deux visiteurs parvinrent enfin à la porte
extérieure, qui s'ouvrit à leur approche et
se referma soudain sur eux. Puis étant re-
montés l'un et l'autre sur leurs mules, le
roi, après quelques instants de silence, prit
enfin la parole, et se tournant vers Tristan,
lui dit :

— Pasques-Dieu ! mon compère, l'oiseau,
pour être en cage, n'en a pas perdu la voix.

— Oh ! oh ! fit Tristan, cela ne durera
pas..... Laissez-moi faire..... je le materai.

— Au fait, il n'y aurait pas grand mal.

— Laissez-moi faire, vous dis-je, je saurai bien le mater..... Oui, oui, je le soigne-
rai..... ce bel oiseau.

— Surtout, mon compère, soignez sa
cage..... car, avant tout, il ne faut pas qu'il
s'envole..... Le reste..... n'est qu'accessoire.

— Reposez-vous sur moi.

Et, en devisant ainsi, Louis XI et son
compère étaient arrivés aux portes du
vieux Louvre, où ils entrèrent tous deux

pour se reposer des émotions qu'ils venaient d'éprouver ; le roi, dans la compagnie, ou, si vous voulez, dans les bras d'une jeune fille qu'on avait amenée le matin même pour l'usage de sa majesté, et Tristan entre le verre et la bouteille.

FIN DU TOME PREMIER.

IMPRIMERIE DE BOURGOGNE ET MARTINET,
RUE JACOB, N° 30